自闭谱系障碍儿童早期干预丛书　　　　丛书顾问　方俊明

丛书主编　苏雪云

如何发展自闭谱系障碍儿童的感知和运动能力

韩文娟　徐　芳　王和平　编著

图书在版编目(CIP)数据

如何发展自闭谱系障碍儿童的感知和运动能力/韩文娟,徐芳,王和平编著.—北京:北京大学出版社,2014.1

(自闭谱系障碍儿童早期干预丛书)

ISBN 978-7-301-23483-9

Ⅰ.①如… Ⅱ.①韩… ②徐… ③王… Ⅲ.①缄默症—感知—能力培养—儿童教育—特殊教育②缄默症—运动能力—能力培养—儿童教育—特殊教育 Ⅳ.①G760

中国版本图书馆 CIP 数据核字(2013)第 273091 号

书 名	如何发展自闭谱系障碍儿童的感知和运动能力
	RUHE FAZHAN ZIBI PUXI ZHANGAI ERTONG DE GANZHI HE YUNDONG NENGLI
著作责任者	韩文娟 徐 芳 王和平 编著
责任编辑	李淑方
标准书号	ISBN 978-7-301-23483-9
出版发行	北京大学出版社
地 址	北京市海淀区成府路 205 号 100871
网 址	http://www.pup.cn 新浪微博:@北京大学出版社
电子信箱	zyl@pup.pku.edu.cn
电 话	邮购部 62752015 发行部 62750672 编辑部 62767857
印 刷 者	北京宏伟双华印刷有限公司
经 销 者	新华书店
	720 毫米×1020 毫米 16 开本 15.5 印张 264 千字
	2014 年 1 月第 1 版 2018 年 6 月第 2 次印刷
定 价	42.00 元

未经许可,不得以任何方式复制或抄袭本书之部分或全部内容。

版权所有,侵权必究

举报电话:010-62752024 电子信箱:fd@pup.pku.edu.cn

图书如有印装质量问题,请与出版部联系,电话:010-62756370

丛书总序

自从1943年，美国精神病医生坎纳（Kenner）首次报道了11例自闭症儿童以来，人们越来越深地认识到自闭症是一种差异性很大的广泛性发展障碍（Pervasive Developmental Disorders，PDD）。当今学术界把自闭症儿童称为自闭谱系障碍（Autism Spectrum Disorders，ASD）儿童。自闭谱系障碍包括卡纳型自闭症、阿斯伯格症这两种主要类型，还包括瑞特综合征（Rett's Disorder）、儿童期分裂障碍（Childhood Disintegrative Disorder）和不确定的广泛性发展障碍（PDD-NOS），被称为"特殊儿童之王"。

为了引起世界各国的广泛关注和高度重视，联合国将每年的4月2日定为世界自闭症日。近年来，许多发达国家的政府、基金会、高等学校和研究机构都增加了研究投入，希望能早日攻克困扰全球的自闭谱系障碍儿童医疗、教育和康复问题。当代自闭谱系障碍的研究已经越出了儿童精神学的范畴，成为儿童精神病学、特殊教育学、语言学、心理学和社会科学等多学科共同关注的研究课题。

从多学科和交叉学科的研究路径来看关于自闭谱系障碍的研究主要有以下几方面：一是从医学、生物学、生理学、神经科学、精神病学的角度，围绕着遗传基因、脑功能、神经传导、精神障碍等问题进行了大量的基础研究，特别关注基因如何影响脑神经的形成和自闭谱系障碍儿童的生物性成因。二是从特殊教育学、儿童心理学、发展心理学的角度，采用实验研究和临床研究相结合的方法来探讨自闭谱系障碍儿童的行为特征、信息加工过程以及评估、干预、训练和教育的原理和方法，并挖掘自闭谱系障碍儿童可能凸显的潜能。三是采用实用语言学和实验语言学的方法来研究自闭谱系障碍儿童的语言发展、语言使用能力、语言活动的神经过程等。四是从社会学、管理学、预防学、人口学、统计学的角度来探讨如何通过社会组织（如人口计生委、妇幼保健机构、残联、社区机构、婴幼儿机构）和社会工作者帮助儿童家长对新生儿童、婴幼儿、高危儿童进行早期筛查、综合评估和鉴定，以便及早地发现和进行早期治疗、康复、干预、训练和教育，同时建立儿童发展的信息库，帮助政府和相关部门制定相应的方针政策。

近年来，这些跨学科与交叉学科的研究形成了一个重要的共识：早期发现、干预和教育是目前唯一有效地降低障碍程度，促进自闭谱系障碍儿童发展的途径。

为了将上述跨学科和交叉学科的研究成果运用于实践，将早期干预的基本理念转化为日常的教育康复活动，北京大学出版社在

2011年推出一套22本的"21世纪特殊教育创新教材"的基础上，又新推出一套"自闭谱系障碍儿童早期干预丛书"。

这套自闭谱系障碍儿童早期干预丛书，由华东师范大学学前教育与特殊教育学院苏雪云博士主编，她曾于2007年到2008年在美国乔治敦大学医学院围绕自闭谱系障碍早期干预进行博士后研究，回国后一直从事自闭谱系障碍和早期干预研究与实践；分册作者均为高校特殊教育学系教师、学前教育学系教师，有丰富的教学与科研实践经验，或者华东师范大学特殊教育学研究生，在研究生导师的指导下，结合自己的教学实践和论文研究参与了分册的共同编写，其比较鲜明的特点如下：

一是读者范围明确，即面对广大自闭谱系障碍儿童的家长和在基层学校、幼儿园从事自闭谱系障碍儿童教育康复工作的一线教师。

二是选题得当，作为一套用来指导自闭谱系障碍儿童家长和教师教育、干预工作的指导手册，各分册选择了自闭谱系障碍儿童发展过程中最突出的社会沟通、人际交往、生活自理、感知运动、认知特点等主要问题进行详细的阐述。

三是内容新颖，丛书各分册都反映了目前国内外有关自闭谱系障碍儿童研究的最新成果，例如，有关社会脑和认知神经科学方面的研究成果、早期干预和社会综合治理的理念、综合评估的方法、行为干预的原理与游戏治疗的方法等。

四是深入浅出，通俗易懂，适合于基础工作者和广大儿童家长的专业阅读水平，避免了经院学究型的旁征博引。

五是突出三"实"，即结合我国当前自闭谱系障碍儿童教育与康复工作的实际，采用大量实证性的案例，充分地显示出作为资源手册，有效地指导广大自闭症儿童家长和一线教师日常活动的实用性。

作为一个特殊教育工作者，我殷切地希望，北京大学出版社两套特殊教育丛书的先后问世，将有力地推动我国特殊教育事业的发展，提高我国自闭谱系障碍儿童的教育和康复水平。

华东师范大学　终身教授
特殊教育研究所　所长
中国高等教育学会特殊教育研究会理事长
方俊明
2013年8月5日

写给家长的话

面对一个新生命的来临,每一个母亲和家庭都满怀期待,充满憧憬,而每一个小宝宝生命里最值得信赖也最依赖的就是爸爸妈妈,家庭里多了一个新成员,会给我们带来很多快乐,也带来很多的挑战。第一次喂奶,第一次换尿布,直到看着他对着我们微笑,学会爬,学会站立和自己行走……

每一个孩子都是独一无二的,但当我们发现自己的孩子真的那么特殊的时候,我们会情愿自己的孩子跟别人家的孩子一样。当我们在甜蜜地假想宝宝"会先叫爸爸还是妈妈"的时候,宝宝已经两岁了还什么话都没有,有时候喊他的名字也不理睬我们,宝宝对其他小朋友也没有特殊的兴趣,然后还有一些很冷门的爱好,和我们无法理解的行为……当医生告诉我们,孩子可能是自闭症,或者有自闭症倾向的那一刻,我们还是无法相信,曾经的憧憬和希望似乎崩塌了。

我自己也是一个妈妈,孩子出生时难产,出院后就开始早期干预……因此每一次面对儿童和家庭,那些担忧和焦虑,感同身受。但同时也有一种迫不及待地想要鼓励每位妈妈和爸爸坚强起来去

发展自闭谱系障碍儿童的感知和运动能力

采取积极行动的热望和冲动。

在我国,随着1982年首次报道自闭症,相关的研究和教育训练都在发展,很多家长在儿童2岁前就已经发现了"哪里不对",但我们的一个调研发现,从家长发现儿童的行为异常,比如"不会主动跟大人有情感的表达""对人没有兴趣""叫他的名字没有反应"等,到家长首次去医院进行检查之间平均有13.7个月的滞后期。而即便在医院得到了诊断,到真正去寻求服务也有6.5个月的滞后期。当然这只是一个平均数字,来咨询的很多家长也有在第一时间就采取行动的。

自闭谱系障碍曾经被视为是很罕见的一种障碍,大约1万例新生儿里有3例,但目前根据美国疾病预防中心的最新数据,自闭谱系障碍的发生率已经为每88人中有1例(CDC,2012),其发生率高于很多常见的障碍,已经从过去很罕见的疾病发展为较为常见的发育障碍性疾病,甚至超过脑瘫及唐氏综合征的患病率,排在儿童精神发育障碍的首位。但我国目前还没有确定的关于这一障碍的统计数据,根据2006年我国第二次全国残疾人抽样调查结果显示,0~6岁精神残疾儿童(含多重)占该年龄段儿童总数的1.01‰,其中自闭症儿童占精神残疾儿童总数的36.9%,约为4.1万人。虽然没有关于流行率的确定结论,但一般认为我国现有400万到1000万的自闭谱系障碍患者,其中包括100万到300万的儿童。

作为自闭谱系障碍中被研究最多的自闭症,也被称为"特殊儿童之王",自闭症的病因还不明确,较为一致的看法是"这由于脑的发展、神经化学和遗传等因素的异常所引起",尚无有效的针对自闭症核心障碍的药物治疗途径,同时这类儿童大多数还伴有智力发育障碍、学习障碍、癫痫等其他障碍或疾病,其干预和教育一直是难点。作为一种起病于婴幼儿期的发展性障碍,通常在3岁前其症状就已显现,包括:沟通和社会交往的质的损伤;狭窄的、重复的、刻板的行为模式、兴趣与活动,且很多患者在成年后依然存在这些领域的缺陷,特别是在社会交往方面有严重障碍,在日常生活和谋生技能方面有严重缺陷,成为伴随终生的一种障碍,对患者及其家庭造成极大压力,同时也给社会带来很大的问题。

目前自闭谱系障碍的干预方法仅在美国就有上百种之多,由于这一障碍的个体内差异和个体间差异都非常巨大,每个儿童可能适用的有效的干预方法也不尽相同。自闭谱系障碍的治疗和干预领域,目前达成的共识有这样几点:第一,自闭谱系障碍早期干预十分关键,越早干预,愈后越好;第二,多学科协作的干预模式,全面地从儿童的各个领域进行综合干预,包括语言和言语治疗、社会交往技能训练、行为干预、感觉统合等;第三,在融合的环境内提供给自闭谱系障碍儿童与典型发展儿童互动的机会,有助于自闭谱系障碍儿童的发展;第四,家庭和家长在早期干预中的参与和为家长提供支持和培训,有助于自闭谱系障碍儿童的发展;等等。

而我国目前的早期干预机构远远不能满足儿童和家庭的需求,特别是0～3岁阶段,家长们在第一时间发现,第一时间进行干预,是极为关键的。诊断并不是最重要的,早期干预的目标并不是确定儿童的障碍是什么,而是当儿童可能存在特殊发展需要的时候,我们第一时间给予儿童相应的支持和调整,为儿童的发展提供机会和经验,然而很多家长,甚至干预老师不知道如何与自闭谱系障碍的儿童进行互动,也不知道如何开展有效的早期干预,即使是有经验的教师也时常会觉得"巧妇难为无米之炊",因此在很多家长和干预老师的建议下,我们硬着头皮做了这次勇敢的尝试,编写了"自闭谱系障碍儿童早期干预丛书"。

这套丛书的编写得到了很多老师的帮助和支持,非常荣幸地由方俊明教授担任丛书顾问,并由杨广学、王和平、周念丽、杨福义和周波各位教授分别参与分册的编写和指导工作。这套书是在我负责的浦江人才项目"自闭谱系障碍儿童家庭早期干预体系研究"和教育部人文社科青年基金"自闭谱系障碍儿童融合教育支持系统研究(12YJC880090)"和家庭干预的实践成果基础上,由各位作者辛苦完善编写的。在此非常感谢每一位作者的智慧和热情。也非常感谢北京大学出版社的李淑方编辑的支持和督促。丛书的初稿从2009年开始起草,到2011年逐步完善成书,经历了一个艰苦的过程,在写作过程中我们也始终惶恐,自闭谱系障碍的早期干预本身就是一个非常复杂的内容,我们仅仅能在我们的能力范围内与大家分享我们所知道的"皮毛",期望可以抛砖引玉,各位家长和老师在使用本丛书的过程中,能与我们分享你们的体会和意见,或者你们有更好的游戏创意,一起来完善丛书,欢迎写信到 early4ASD@163.com。

每一个儿童都是独一无二的,自闭谱系障碍的儿童具有更特殊的独一无二的特性,我们也知道每个儿童的发展都是很多因素共同促成的,为了方便使用和写作,这套丛书还是分别从不同的角度和领域进行了分册编写。

《如何理解自闭谱系障碍和早期干预》(苏雪云)从整体上给出理解自闭谱系障碍儿童和开展早期干预的一些指南,特别是整合运用其他分册的一些操作建议,包括最新的关于自闭谱系障碍的新进展、家长心态调整、如何开展早期干预等。

《如何在游戏中干预自闭谱系障碍儿童》(朱瑞、周念丽)关注的是游戏在早期干预中的作用,自闭谱系障碍儿童的游戏能力也存在缺陷,其他各个领域的能力可以在学会游戏、进行游戏的过程中得到发展。

接下来的五本分册都将关注"游戏/活动",为家长选取不同领域的游戏提供一些理论指导、儿童发展的基本知识(发展里程碑)等,主体部分为一个一个游戏或者活动。其中《如何发展自闭谱系障碍儿童的沟通能力》(朱晓晨、苏雪云)和《如何发展自闭谱系障碍儿童的社会交往能力》(吕梦、杨广学)两本针对的是自闭谱系障碍儿童的核心障碍——沟通和社会交往存在质的缺陷;《如何发展自闭谱系障碍儿童的自我照料能力》(倪萍萍、周波)单独成册是考虑到很多与自闭谱系障碍儿童一起成长的家长,在自己的孩子成年后都不约而同地认为"自我照料"和生活独立是非常关键的;《如何发展自闭谱系障碍儿童的感知和运动能力》(韩文娟、徐芳、王和平)则为我们提供了丰富的促进感知运动发展的游戏干预方法和活动参考,这也是因为很多自闭谱系障碍儿童在这个领域也存在很多挑战;《如何发展自闭谱系障碍儿童的认知能力》(潘前前、杨福义)独立成册也是家长和教师们的建议,认知能力是基础和综合的能力,也是很多自闭谱系障碍儿童无法自然发展的能力。

这套丛书没有完全覆盖儿童发展的各个领域,主要是根据我们在与自闭谱系障碍儿童和家庭一起开展早期干预的经验的基础上,选取了我们认为较为核心的和干预资料较为丰富的领域来编写,肯定还有其他的内容也是非常重要的,值得日后在实践和研究中不断完善。

再次感谢您选择了这套丛书,这套丛书编写的过程中我们非常强调"基于实证",各位家长和干预教师可以根据自己孩子的情况进行选择使用,这套书不仅实用于已经被诊断为自闭症或者自闭症倾向的儿童,也适合发展迟缓的儿童和可能存在高危发展的儿童。让我们一起努力,为我们的孩子创设一个有意义的童年世界,和我们的孩子一起成长吧!

苏雪云 博士 副教授
华东师范大学特殊教育学系
华东师范大学自闭症研究中心
2013年8月7日

目　录

第一部分　一起来了解儿童的感知和运动能力 …………… 1

一　感知和运动能力总是协调发展的吗？………………… 4

二　感知和运动能力是什么？……………………………… 5

三　感知和运动能力有哪些类型？………………………… 8

四　感知能力发展特点是什么？…………………………… 11

五　运动能力发展特点是什么？…………………………… 20

六　感知和运动能力异常发展的生理生化原因是什么？…… 24

七　常用的感知和运动能力生理评估方法有哪些？………… 29

八　常用的感知和运动能力心理行为评估量表有哪些？…… 32

九　感知和运动能力干预有哪些特点？…………………… 38

十　感知和运动能力干预有哪些基本原则？……………… 40

十一　感知和运动能力干预有哪些基本技术？…………… 44

十二　感知能力干预有哪些常用方法？…………………… 47

十三　运动能力干预有哪些常用方法？…………………… 53

发展自闭谱系障碍儿童的感知和运动能力

　　十四　如何有效开展感觉统合训练？……………………56

　　十五　如何根据干预需求调整居家环境？……………………63

第二部分　看看你的孩子的发展水平……………………67

　　一　0—1个月孩子感知运动的发展……………………69

　　二　2—3个月孩子感知运动的发展……………………71

　　三　4—7个月孩子感知运动的发展……………………73

　　四　8—12个月孩子感知运动的发展……………………75

　　五　13—24个月孩子感知运动的发展……………………77

　　六　25—36个月孩子感知运动的发展……………………79

　　七　3—6岁孩子感知运动的发展……………………81

第三部分　让我们一起促进儿童感知和运动能力的发展！……83

　　1. 注视探照灯（视觉注视）……………………84

　　2. 摸摸小宝贝（触觉刺激）……………………86

　　3. 摇啊摇（前庭刺激）……………………87

　　4. 小蝌蚪找妈妈（头部左右运动）……………………89

　　5. 木鱼咚咚咚（听觉刺激）……………………90

　　6. 随味寻奶（嗅觉刺激、定位）……………………92

　　7. 追踪小手（视觉注视、追视）……………………94

　　8. 我爱洗澡（触觉刺激）……………………95

目 录

9. 空中飞翔(前庭刺激) …………………… 97
10. 小小鼓手(手在中线相碰) …………………… 99
11. 玩具追踪家(视觉追踪) …………………… 100
12. 铃儿响叮当(听觉刺激) …………………… 101
13. 小手真好吃(本体感觉、触觉) …………………… 103
14. 看看彩虹(视觉注视、追视) …………………… 104
15. 气味小侦探(嗅觉刺激) …………………… 106
16. 摸摸小脸(触觉刺激) …………………… 107
17. 调皮的小猫(俯卧单肘撑) …………………… 109
18. 翻滚吧,宝贝!(翻滚) …………………… 111
19. 翩翩起舞(本体感觉、手脚动作协调性) ………… 112
20. 口探新物(视触动结合) …………………… 114
21. 拉手坐起(前庭刺激、手部力量) …………………… 115
22. 眼随手动(视觉追视) …………………… 117
23. 躲猫猫(视觉寻找) …………………… 118
24. 听听哭声(听觉辨别) …………………… 120
25. 翻山越岭(四点爬行) …………………… 121
26. 小小搬运工(四点爬行) …………………… 123
27. 神奇的魔毯(稳定坐) …………………… 125
28. 蜗牛上台阶(爬行、手脚协调) …………………… 126
29. 扶物行走(行走) …………………… 127

30. 稳如泰山(稳定坐) …… 129

31. 宝宝爱撕纸(手指力量) …… 131

32. 卧踢彩球(视动结合) …… 132

33. 虫虫飞(视动结合) …… 134

34. 弯腰捡物(视动结合) …… 135

35. 随乐拍手(听动结合) …… 137

36. 循声拿玩具(听动结合) …… 139

37. 闭眼找妈妈(听觉定位) …… 140

38. 我来摸摸(触觉辨别) …… 141

39. 跪行推球(跪行) …… 143

40. 翻书(手指精细动作) …… 144

41. 我的七彩瓶(手眼协调) …… 146

42. 舀豆子(手眼协调) …… 148

43. 垒高塔(手眼协调) …… 149

44. 形状宝宝回家(视知觉) …… 150

45. 听节奏敲鼓(听觉记忆) …… 152

46. 闻味猜水果(嗅知觉) …… 153

47. 探囊取水果(触知觉) …… 155

48. 荡秋千(前庭觉) …… 156

49. 快乐的小袋鼠(双脚跳) …… 157

50. 金蛇狂舞(上下肢关节活动) …… 159

51. 脚斗士（单脚跳） …………………………… 161

52. 大象走（手脚协调） …………………………… 162

53. 一跃而下（跳跃） …………………………… 164

54. 金鸡独立（单脚站） …………………………… 165

55. 投球（手眼协调） …………………………… 167

56. 水做的画（手眼协调） …………………………… 168

57. 插洞洞（手眼协调） …………………………… 170

58. 戳泡泡（手眼协调） …………………………… 171

59. 撕出来的"画"（手眼协调） …………………………… 173

60. 小脚拍小脚（脚眼协调） …………………………… 174

61. 打电话（脚眼协调） …………………………… 175

62. 躲避袭击（双脚跳、手脚协调） …………………………… 177

63. 折纸（手眼协调） …………………………… 179

64. 雪花飘飘（视动结合） …………………………… 180

65. 听快慢指令敲鼓（听知觉） …………………………… 181

66. 红灯停绿灯行（颜色知觉和规则意识） ………… 183

67. 探囊取形状（触知觉） …………………………… 185

68. 转椅旋转（前庭觉） …………………………… 187

69. 手推车（上肢力量） …………………………… 188

70. 摸着石头过河（手脚协调） …………………………… 190

71. 拧瓶盖（手部精细动作、手眼协调）………… 192
72. 拔萝卜（协调性和力量）………… 193
73. 跳大绳（双脚跳、眼脚协调）………… 195
74. 花样跑（跑）………… 197
75. 解结（手部精细动作）………… 198
76. 剪直线（手部精细动作、使用剪刀）………… 200
77. 粉刷匠（精细动作）………… 201
78. 蹦跳的小球（手眼协调）………… 203
79. 灵巧的双脚（脚眼协调）………… 205
80. 套圈（手眼协调）………… 206
81. 我帮爸爸换笔芯（手眼协调）………… 208
82. 过独木桥（视动结合）………… 209
83. 大吊车（视动结合）………… 211
84. 陆地行船（视动结合）………… 213
85. 拍球前进（视动结合）………… 214
86. 连点成线（手眼协调）………… 216
87. 接弹力球（视动结合）………… 217
88. 踏石过河（视动结合）………… 219

目　录

第四部分　资源推荐 …………………………………… 221
　一　推荐儿童书 ………………………………………… 222
　二　推荐家长书目 ……………………………………… 223
　三　推荐网站 …………………………………………… 226

第一部分

一起来了解儿童的感知和运动能力

如何 发展自闭谱系障碍儿童的感知和运动能力

如果把人体比作一辆汽车的话,感知觉系统是汽车的启动系统,脑是汽车的发动机,运动系统是汽车的底盘。正如,汽车的正常行驶需要启动系统发出正确的信号、发动机处理信号并传达至底盘,感知运动活动的顺利完成依赖于感觉器官、脑和骨骼肌肉的协同合作。一般而言,自闭症是感觉器官、外周神经系统和骨骼肌肉功能正常,脑功能失调引起包括感知运动异常在内的广泛性发育障碍。通俗来说,自闭症儿童与各类特殊儿童(除感官障碍的特殊儿童外)一样都是"脑子出现了问题"。

自闭症患者因脑功能异常而引起感知和运动能力异常。其中感知觉异常在1980年《精神障碍诊断与统计手册》(DSM)第三次修订版中作为自闭症临床诊断标准之一,而后第四次修订中又把这一标准删除。这并不等于说感知觉异常对自闭症儿童的困扰减弱了,而是研究发现越来越多普通儿童和其他障碍类型儿童也伴随感知觉异常,感知觉异常这一标准的区分度不够。但是在2013年《精神疾病诊断与统计手册》(DSM)的第五次修订版中又把感知觉异常作为自闭症临床诊断标准之一。同样很多研究者呼吁把运动发展异常作为自闭症儿童临床诊断标准,这不但是因为自闭症者普遍存在感知和运动异常,而且感知和运动异常由机体内外的刺激引起,不以时间、场景和人的意志为转移且直接指向自闭症者自身。自闭症者并不需要时时刻刻与他人沟通交流,语言障碍只在与他人交流中出现;刻板行为和狭窄的兴趣也是有停歇的时候;而且他们的语言和行为异常更多的是困扰和影响他人,他们自己却可能自得其乐。所以,作为自闭症者本身而言,感知和运动异常应该是他们亟待克服的首要也是最大的困难。

学龄前期(也可延缓到8岁)是脑发育的关键期。这一时期不仅是脑体积发育的最快时期也是脑功能快速完善的重要时期。在关键期开展感知运动干预将达到事半功倍的效果。在干预前必须了解自闭症儿童感知和运动特点、产生原因、评估方法,以确定干预的原则,分析目前常用的干预方法的优劣,开展感知和运动能力干预,并根据干预需求调整居家环境,改善自闭症者感知和运动系统功能。

发展自闭谱系障碍儿童的感知和运动能力

一 感知和运动能力总是协调发展的吗？

感知觉是由感知觉刺激引发的脑神经活动；运动是由脑发出神经冲动使肌肉活动而产生的。婴幼儿运动动机的启动大部分依赖感知觉信息，且感知觉功能影响运动的完成质量。如婴幼儿看到感兴趣的物体，就可能跑过去看，跑步时需要视觉和前庭觉的参与，才能跑得又快又稳。运动的发展也可以扩展和增加感知觉刺激，促进感知觉系统的完善。婴幼儿感知和运动能力是密不可分、相互统一的整体，呈协调发展。但是特殊儿童，特别是自闭症儿童感知觉系统、运动系统常存在单领域或多领域的异常，神经传导通路受阻，信息传导不畅，导致感知和运动能力难以协调发展。因此，感知、运动和脑功能无异常是感知和运动能力协调发展的前提。本书立足于在分别探讨感知和运动能力的基础上分析感知运动统整能力。

感知和运动能力是什么？

感知和运动兼具生理和心理特点,因此是生理学和心理学研究的重要内容。生理学从感知和运动的神经冲动启动、传导、解释、统整等过程定义;心理学从人与自身、人与环境的角度定义。本研究试图从生理和心理学两个角度去论述何为感知和运动,为自闭症儿童早期干预奠定概念性基础。

(1) 感知觉

实践生活中,感觉和知觉的活动密切相连、缺一不可,因此通常把感觉和知觉这两个认识过程称为"感知觉"。感知觉是从最初的接受信号到做出分析、处理的过程,是在刺激物直接作用下所引起的分析器的分析综合活动的结果[1],包括意识、注意、定向、识别和理解五个过程[2]。

感觉是指感觉器官与刺激物相互作用后,感受器将机体内外环

---

[1] 黄翔岳.感觉、知觉、表象与体育教学[J].体育师友,1980,(4):26-29.
[2] Vlaskamp, Cuppen-Fonteine. Reliability of assessing the sensory perception of children with profound intellectual and multiple disabilities: a case study[J]. Child Care Health and Development, 2007, 33(5): 547-551.

发展自闭谱系障碍儿童的感知和运动能力

境的刺激转换为生物电信号,并以神经冲动的形式经特定的感觉通路传递到大脑特定部位加工处理后,对刺激物的属性的直接反应,是感觉信息传到脑的手段。如皮肤接触到热水后,温热感受器将热能转换为生物电信号,以神经冲动经过脊髓和脑干传入丘脑部加工处理。感觉以生理反应为基础,不同的感受器所产生的脉冲在形式上十分相似,它引起何种感觉取决于它们遵循的感觉通道中最终激活脑的哪一个具体部位。感觉反应的强烈程度不仅取决于刺激物的强度,而且受感觉通道和神经系统功能的影响。

知觉是个体依据已储存的知识经验,把握刺激意义,对感觉信息进行定向、选择、解释和说明。"知觉"就是"知"道是一种什么感"觉"[1]。例如,刚出生的婴儿看到一张红色的纸,其大脑会对红色产生反应,但婴儿却不知这种反应就是"红色"。知觉以感觉为基础,更有赖于个体把环境刺激与自己已具有的知识连接起来[2]。如当人感觉到疼痛时,人们会分析疼痛的程度、持续时长、发生情境而决定采取何种反应。如果是被座位上的钉子扎了一下,人会通过站起或挪开身体来逃避钉子;如果是在打针,即使很疼也要尽量忍耐着。

(2)运动

从生物学的角度来看,运动是在空间和时间上协调的肌肉收缩

---

[1] 庞云阶.脑的场象研究——知觉过程[J].社会科学战线,1986(2):48-52.
[2] Rookes Paul, Willson Jane. Perception: theory, development and organization[M]. Routledge,2000:1.

和舒张,是在中枢神经系统的支配和调控下进行的[①]。但生物学上的定义并不能全部涵盖本书中要讨论的"运动",正如蒙台梭利所指出的"然而我们如果只从身体的角度来考虑运动,那就错了"。本书中所述运动更愿意将其理解为儿童的一种能力,即运动能力。根据众多中外学者对运动能力的解释,运动能力应是一种综合能力,是多个要素的集合。本书中将"运动能力"理解为进行满足日常生活、学习、安全等方面需要的运动时所表现出来的完成动作的能力和基本运动素质。

---

① 孙久荣.脑科学导论[M].北京:北京大学出版社,2001:173.

三、感知和运动能力有哪些类型？

为了多角度认识感知和运动，需从多维度分类，为干预提供一定的参考。早期干预中既可以开展感知和运动能力两个领域下的小类进行训练，也可开展两个领域内或领域间的统整训练。

（1）感知觉

根据感受器的种类，感知觉分为视觉、听觉、皮肤觉（包括触觉、痛觉、温度觉）、味觉、嗅觉、本体觉、前庭觉和内脏觉。视觉感受光波刺激；听觉感受声波刺激；皮肤觉感受机械刺激、温度刺激和伤害性刺激；味觉和嗅觉因均感受化学刺激而常被称为化学觉；本体觉感受肌肉和关节活动；前庭觉有内耳前庭器官感受线加速度和角加速度；内脏觉由内脏神经末梢感受内脏的化学、温度和机械刺激。根据刺激物的状态，分为静态感知觉和动态感知觉。根据刺激的持续性，分为单次感知觉刺激和连续感知觉刺激。根据感知觉反应的精确度，分为粗略感知觉和精细感知觉。

(2) 运动

从生物学的角度来讲,运动一般可以分成 3 种类型。① 反射性运动,指最基本和最简单的运动,是中枢神经系统对内、外环境有规律的反应。反射性运动如婴儿期的眨眼反射、吸吮反射、踏步反射等,一直伴随我们的打喷嚏、膝跳反射、呕吐反射、眼睛接触反射、阿基里腱反射等。② 随意运动,指为了达到一定目的而指向一定目标的运动。我们日常的生活中几乎时时、处处都存在随意运动。③ 节律运动,指可以随意开始、停止的运动。一旦开始就会重复进行,无需意识参与,但一直受到意识的"监督",诸如行走、呼吸、咀嚼都是节律运动①。

按照将运动能力分成完成动作的能力和基本运动素质,我们分别对动作和基本运动素质进行分类。

目前对动作的分类依据比较集中,主要是根据涉及肌肉的广度、涉及的肌肉部位进行的。依据涉及肌肉的广度,将动作分为大肌肉动作或粗大动作(gross motor)和小肌肉动作或精细动作(fine motor)。其中,粗大动作的研究多集中于坐、站、走、跑、跳等,而精细动作的研究则多集中于抓握、绘画、写字、生活自理以及具有中国文化特色的筷子使用技能等②③。根据运动时所涉及的肌肉部位的角度,则可把动作分为上肢动作、下肢动作、全身动作等。上肢动作

---

① 唐孝威.脑科学导论[M].杭州:浙江大学出版社,2006:36.
② 董奇,边玉芳.儿童心理学[M].杭州:浙江教育出版社,2009:90.
③ 董奇,陶沙.动作与心理发展[M].北京:北京师范大学出版社,2002:3.

如举手、刷牙、写字等等,下肢动作如踢球、抬腿等等,全身动作如翻身、跑步、行走、跳绳等等。总体来说,大部分动作都是需要全身协同运动来完成,所以全身动作所占的比例最大。

基本运动素质与其说是分类,不如说是对其所包含的素质内容进行分解,包含5个方面。分别是:① M速度素质,是指人体在单位时间内移动距离或对外界刺激反应快慢的一种能力;② 力量素质,是指身体某些肌肉收缩时所产生的力量,用肌力表示;③ 耐力素质,是指人体长时间工作的能力,包含抗疲劳能力和疲劳后修复的能力;④ 柔韧素质,是指关节活动度[①];⑤ 协调性,更准确称为"动作协调能力",指儿童的身体或身体不同部位在时间、空间、肌肉做功与技术节奏等方面,具有把握时空与节奏特征、用力强度,同时或依次准确配合以便适当地完成动作的能力[②]。而协调能力高则儿童完成动作和谐、流畅、高效率、轻松自如,且有美感[③][④]。

---

① 石作砺,于葆,陈萍,缪进昌,陈耀福.运动解剖学、运动医学大辞典[M].北京:人民体育出版社,2000:291.
② 刘大维.儿童动作协调能力的内涵、影响因素及其培养策略[J].学前教育研究.2011,6:45-47.
③ 同上。
④ 吴鸿春,范安辉.对运动协调能力的探讨[J].西南师范大学学报(哲学社会科学版).1995,2:118-119.

感知能力发展特点是什么?

高达80%~90%的自闭症者感知觉异常[1],有的研究甚至报道100%的自闭症均有不同程度的感知觉异常[2]。自闭症群体以视觉和听觉反应异常最为常见,其次为痛觉反应迟钝和嗅觉异常行为,触觉及味觉异常行为相对少见;障碍程度越重感觉异常的发生率越高[3]。感知觉一旦异常,我们应该本着尽力感悟和理解的心态分析感知觉异常影响到的各种情境。

(1) 视觉

视觉是人类最重要的感知觉手段,80%以上的外界信息都是由视觉系统接受、处理和感知的。视觉系统也是最复杂的感知觉系统,例如人的听神经有3万根神经纤维,而视神经则有100万根[4]。

---

[1] Brian Reichow, et al. Evidence-Based Practices and Treatments for Children with Autism [M]. Springer, 2011 edition (July 1, 2011): 245.

[2] Leekam, et al. Describing the sensory abnormalities of children and adults with autism[J]. Journal of Autism and Developmental Disorders, 2007, 37(5): 894-910.

[3] 郗春艳,麻宏伟,等. 孤独症患儿感觉异常行为分析[J]. 中国临床心理学杂志, 2006, 14(3): 266-267.

[4] 韩济生. 神经科学(第三版)[M]. 北京: 北京大学医学出版社, 2009: 575.

如何发展自闭谱系障碍儿童的感知和运动能力

自闭症者的视觉异常表现在以下几个方面。第一,自闭症者可能伴有视力异常,如近视、远视或弱视。因其难以表达,所以视力异常状况常被忽视。第二,视觉敏感性异常主要有视觉反应过敏和过度迟钝两类。前者能看到荧光灯的闪烁和颜色对比强烈的对象在晃动,且喜欢待在暗处或逃避亮光。后者面对强光时不会有眨眼或眯眼等动作,喜欢注视强光和快速旋转的物体。第三,视觉扭曲者可能逃避视觉对象或因深度视觉扭曲而影响日常行动能力,如上下楼梯。一位名叫唐娜·威廉姆斯(Donna Williams)的高功能自闭症者这样描述:"人的脸看上去就像毕加索绘画中被扭曲的二维马赛克图像。"[1]第四,色觉异常包括色盲和色弱两大类。假同色图检查法和彩色绒线检查法较难适用于自闭症者,因此可以采用色相排列法、色觉镜检查法和行为观察法了解自闭症者的色觉异常状况。第五,自闭症者视野异常表现为看不到余光,只会长时间注意眼前物体,需要不停地扫视环境,难以注视物体。第六,视行为异常表现为眼动异常、缺乏目光对视、对视僵硬或斜视等。第七,视知觉发展迟缓主要指自闭症者在视觉辨别大小、长短、方位、形状等对象属性方面显著落后于普通儿童。

(2)听觉

对于自闭症者来说,最常受损的感官是听觉。听觉处理异常也

---

[1] [美]天宝·格兰丁.我心看世界——天宝解析孤独症谱系障碍[M].燕原,译.北京:华夏出版社,2012:60.

是造成行为问题、语言和社交异常的重要原因。天宝·格兰丁（Temple Grandin）强调："我有大量的感觉问题，对我影响最大的就是听觉/声音。"一旦孩子被某个声音伤到，他很久都不会忘记，并且对声音发生的环境产生抗拒心理，因为声音出现的时机往往难以观察和预料，且声源的范围很广。自闭症可能伴随听力损失，也可能即使能通过常规的听力检查，仍有听觉处理异常情况，具体表现有三。其一，听觉反应过度敏感或过度迟钝。对于听觉敏感者来说，普通人觉得很寻常的听觉刺激，他们会觉得声音太多了、太大了、声调太高了、太突然了，因此表现出躲在自己的小天地里拒绝外出。"置身于超市中，就如同置身于摇滚音乐会的扩音器之中。甚至有更极端的例子，自闭症者能够听到同一房间里其他人心跳的声音。"① 或"自己血管里血液流动的声音"。其二，听觉辨别有效性较低。在嘈杂的环境中常专注于背景刺激而难以提取目标刺激，难以区分相似语音，如"你好"和"棉袄"。其三，很多自闭症者喜欢听音乐和动物的声音而不喜欢听说话的声音，这与其对声音频率、音调和节奏偏好有关。其四，视听统合不协调，很难把视觉线索与相应的听觉信息整合，例如，当他人说"你好"时，他们听到"你"时可能看到的是"好"的口型，类似于普通人看影音不同步电影的感受。

（3）肤觉

肤觉是相当原始的感觉，是为了区分自我及环境所产生的，对

---

① ［美］艾伦·诺波姆.孤独症孩子希望你知道的十件事[M].刘敏珍，译.北京：中国妇女出版社，2012：29.

如何 发展自闭谱系障碍儿童的感知和运动能力

个体的自我保护、情绪、行为和自我认知有非常重要的作用[①]。比如学龄前儿童总喜欢对接触到的目标摸、捏、挤和压,甚至放在嘴里去感知。肤觉过敏者害怕身体接触,如对洗浴、梳头、理发、穿衣服和鞋袜等做出反抗,拒绝拥抱、握手等身体接触,不喜欢他人靠近等,情绪行为表现为胆小、黏人、怕黑、挑食、注意力不集中等。肤觉过度迟钝者会主动寻找感觉刺激,对触觉、痛觉和温度觉敏感性降低,不能觉察脸或手脏乱,过分依恋于某种材质物品的肤觉刺激,有揪头发、咬手背、玩生殖器、头撞墙等自伤行为等。

(4)嗅觉

刺激性强的嗅觉刺激,如烟味、汽油味、恶臭味,会让普通人反胃、恶心或刺激流泪,那么把这些感觉再扩大几倍,你就能理解嗅觉敏感的自闭症者对普通的嗅觉刺激反应的痛苦,如清洁用品、食物、植物等。相反,有些自闭症表现为嗅觉迟钝而不断地寻求各种嗅觉刺激。例如,有一个自闭症女孩因为偏爱嗅觉刺激而出现很多异常行为:看到零食只闻而不吃;经常把手伸进别人的腋窝下或抠别人的头皮后,闻自己的手指;抱着别人或抓着别人的手不断地闻。

(5)味觉

味觉同嗅觉密切相关,是人类选择食物的重要手段。自闭症者的厌食、挑食和异常的食物偏好与其味觉异常关系密切。味觉过敏者会放大蔬菜轻微的"苦"而不吃或少吃蔬菜(很多蔬菜中含有轻微

---

① 杨鸿儒.智障儿保育入门[M].台北:大展出版社有限公司,2006:165.

"苦"味的化学物质);因为温度或质地的缘故讨厌吃冰冷的食物或软滑的食物;喜欢吃各种非食物的东西,比如泥土、棉絮、轮胎和纸等。味觉过度迟钝者会因为贪吃而引发相应的疾病。

(6) 本体觉

本体觉对于非专业人士理解起来有点困难。如果你曾经思考过盲人吃饭时不会把饭送到鼻子里,而是每次都能准确无误地送进嘴里这一问题,你就在探寻本体觉了。本体觉是指感受个体身体所处的空间位置、运动状态及其变化的感觉;本体感受器广泛分布于人体的骨骼和肌腱[①]。正是因为本体觉的作用,即使没有视觉帮助,盲人也能感知手的位置和运动方向,把饭送进嘴里。本体觉异常的自闭症者没有视觉的协助,就会感受不到或感受不清自己的肢体身处何处,难以控制肢体运动的速度、力度,他本想轻轻拍你一下,做出来的动作却是用力地捶你;他明明看清前面有一个障碍物,身体却往上撞,旧伤未愈又添新伤。

(7) 前庭觉

前庭觉是指受个体躯体移动(特别是头部运动)引发内耳淋巴液晃动刺激半规管内毛细胞,引发神经冲动而形成的感觉。如果过于抽象而很难理解的话,你可以想象在内耳里装着一些水,只要身体移动就会引发水的晃动,刺激水瓶壁的细胞反应,引发神经冲动,传入相应大脑区域,大脑接收到相应信号后就可以调节躯体相应器

---

① 王和平.特殊儿童的感觉统合训练[M].北京:北京大学出版社,2012:30.

官,这一过程是在非意识情况下完成的,也就是说不像视觉和听觉刺激,前庭觉发生作用时个体是很难意识到的。前庭觉主要参与躯体平衡调节,常以平衡觉作为代名词。其实前庭觉的作用远非此,前庭系统不仅通过前庭眼反射调节视觉能力,而且脑干网状系统中的前庭核和前庭小脑是统整各感知觉系统信息的中转站,决定着各感觉信息的传入和输出[1]。

专栏1-1

重要的前庭系统

前庭系统的感觉器官是前庭器官,由椭圆囊、球囊和半规管构成,是内耳的一部分,但功能上不属于听觉器官,它们感受躯体的空间位置和运动情况,只有在加速度情况下才能使淋巴液晃动引起前庭觉,正如只有在加速度情况下才能使瓶子里的水发生晃动一样。前庭系统与小脑、脊髓、眼和自主神经等有广泛的联系,其信息传导非常复杂,从前庭器官毛细胞→前庭神经节→脑干的前庭神经核(此处是各种躯体感觉信息传入和传出汇聚处)→前庭小脑和脊髓小脑(部分前庭信息可以不经过脑干前庭神经核直接达到小脑,这是小脑传入的所有纤维中唯一不经过中转的外周神经纤维)。前庭反应主要有三种。

---

[1] 韩济生.神经科学(第三版)[M].北京:北京大学医学出版社,2009:752-771.

一是躯体平衡反应。前庭系统感受躯体空间位置变化后，一方面反射性地调节颈部和四肢紧张度，这一过程是前庭系统接收躯体失衡后运动系统做出有规律的无条件反射，比如，在玩大强度的游乐场项目时人的肌肉紧张度显著增强；另一方面，前庭系统整合其他感觉信息（如视觉和本体觉），形成位置觉和平衡觉，做出相应的躯体平衡调节。

二是前庭眼反射。前庭系统对眼球的调节就是前庭眼反射，眼动系统充分利用位于内耳的前庭半规管系统所提供的头部转动速度的信号，使眼球向头部运动的相反方向等速转动，从而保持视网膜图像稳定。通过一个小实验就能较好地理解前庭眼反射的作用：把手臂伸直，手掌在眼前左右摆动，再以同样的速度和幅度左右摆动头部，比较这两种情况下视觉图像的稳定程度，很明显后者的图像稳定得多。其实在这两种情况下，头部和手掌的相对运动情况是一致的，正是因为前庭眼反射的作用，才使得后者的图像更稳定。前庭系统受损者必须把头固定才能阅读，因为头部只要做出微小运动都会影响视网膜图像的稳定性，并且患者在走动过程中很难辨认路和目标物，如路标或认识的人。

三是内脏反应。人类前庭系统受了过强或过久的刺激后，常引起自主神经的功能反应，表现出一系列内脏反应，如眩晕、恶心、呕吐、皮肤苍白、血压下降等。晕车和晕船的主要原因就是前庭反应过于敏感，因此，一定强度下旋转后个体的内脏反应常作为评量自闭症者前庭反应敏感性的重要指标。

前庭系统是非常复杂的感知觉系统,但无疑是非常重要的感知觉系统,因此感觉统合训练的专业设备和训练项目主要都是开展前庭功能训练。长期以来,特殊教育相关领域研究者对自闭症者的前庭觉研究主要集中于前庭失调的行为表现而忽视了前庭失调对前庭眼反射及与其他感知觉系统功能的影响。前庭觉失调影响自闭症者运动协调性、个体的清醒和警觉状态及社会交往能力。前庭反应过敏者表现为对情绪焦虑、身体失衡特别敏感,动作小心翼翼、不敢荡秋千、不愿坐摇摇床,有甚者走路慢吞吞、上下楼梯颤颤巍巍。前庭反应迟钝者不善于调节躯体动作,喜欢旋转或绕圈奔跑,不停地晃动身体,有甚者身体快速旋转数分钟也无眩晕反应。

(8) 内脏觉

内脏觉是指内脏的化学、温度和机械刺激由内脏神经末梢感受器换能后,产生神经冲动经内脏神经传至各级中枢神经网络解码。人体重要的内脏觉包括尿意、便意、饥饱感和内脏痛觉等。大部分自闭症者在尿意和便意方面不存在障碍。极少部分自闭症者因饥饱感反应异常会厌食或贪食。至于内脏痛觉,主要问题是自闭症难以表达相应的痛觉。迈克(Micah)等对2973名自闭症者研究得出:有24%的被试存在至少一种胃肠问题,常见的问题有便秘(12.1%)、腹痛(11.7%)、腹胀(7.2)、腹泻(5.6%)和恶心(3.7%)[①]。

---

① Micah O, et al. Anxiety, Sensory Over-Responsivity, and Gastrointestinal Problems in Children with Autism Spectrum Disorders[J]. Abnorm Child Psychol,2013, 41(1):165-76.

案例1-1

备受困扰的小妮

小妮(化名)是一个4岁的自闭症女孩。像往常一样,今天她在幼儿园中面临着同样的感知觉异常的困扰。在区角活动中,老师已经提醒她很多次集中注意力、保持安静,不要坐立不安,一会儿发出奇怪的声音,一会儿在教室内走动。在吃点心时,她又拒绝喝牛奶、吃零食并捂住耳朵躲避碗和勺相碰的声音,不一会儿,她就钻进了角落里的桌子底下。课间活动时,她从同学间跑开,坐在操场的秋千上,不停地荡。11:30,在下课铃声响的前一刻,她紧紧捂住耳朵又躲到了桌子底下。在餐厅,她变得非常焦虑和痛苦,一个人坐在远离饭菜的位置,在那里不停地晃动身体,一边用力地咬右手,一边用力地用左手拍着大腿,嘴巴里发出焦躁的"咿呀"声。过了一会,她从餐厅跑开,老师发现她在活动室里用软垫包住自己的身体。于是老师把她带到音乐室,让她听着低沉的赞美诗,她才慢慢平静下来。

五　运动能力发展特点是什么？

正如坎纳在其1943年的报告中并未提及他所观察的儿童存在运动障碍，早期研究认为坎纳型自闭症儿童是优雅的、敏捷的、协调的，并无运动障碍。但是阿斯伯格症儿童的运动障碍早在1944年阿斯伯格医生的报告中已经出现。他描述一个病例"在体育课上，他的动作显得特别笨拙。他从来无法跟上大家的节奏。他缺少运动系统的协调性，动作极不自然，因此，无法令人感到愉悦"；而另一个男孩则是"他的书写差劲、马马虎虎、乱七八糟。他会划掉单词，在规定的线上上上下下，斜度也不统一"。1981年温（Lorna Wing）报告他所研究的儿童中，90%都存在运动障碍，包括无法平稳地走路、跑步，在写字和画画上存在困难。甚至一度有研究者提出将运动能力障碍作为区分坎纳型自闭症和阿斯伯格症的诊断标准。

但是，后来越来越多的研究者运用标准的运动能力测试工具等证明两类儿童在运动发展里程碑、粗大和精细运动上等并无明显差异。所以，无论是坎纳型自闭症还是阿斯伯格症都存在一定程度的运动能力障碍。有研究者提议将运动障碍作为自闭谱系障碍的诊断标准，如伊尔贝里（Christopher Gillberg）医生将动作笨拙作为其诊断阿斯伯格症的诊断标准之一,但是 DSM-Ⅳ(精神障碍诊断与统计手册第 4 版)、ICD-10(国际疾病分类第 10 版)等均未将动作笨拙列入诊断标准。自闭谱系障碍的运动障碍主要体现为运动发育迟缓,粗大动作异常,精细动作异常,运动执行困难,协调性差,动作笨拙,等。

(1) 运动发育迟缓

对相关文献的元分析发现 50%～73% 的自闭症儿童在各种各样的研究群体中存在明显的运动迟缓[1]。运动发育迟缓体现在粗大和精细动作两个方面。通过录像分析和家长回顾,发现自闭症儿童存在粗大动作迟缓,如其仰卧、俯卧和坐、站、走等动作的开始和获得与发育迟缓的孩子相当甚至比之更甚。而一个大样本的前瞻性研究中发现了那些后来被诊断为自闭症的儿童在伸手够物、敲击、用手指、玩积木和拼图、旋转门把手等动作方面存在迟缓[2]。

(2) 粗大动作异常

粗大动作异常主要表现为姿势异常、不对称、不稳定等。泰特尔鲍姆(Philip Teitelbaum)等观察到 1 个自闭症儿童在 4 个月俯卧位时存在持续不对称,右手臂被压在胸下。儿童的翻滚动作异常,如一些儿童的翻滚总是从侧卧而不是仰卧位开始的,而另外一些儿童缺少分段的或者螺旋形的翻滚,一直没有螺旋的整体翻滚。儿童学会走路后,步态存在步速慢、步幅小、膝盖过度弯曲、上肢摆放位置

---

[1] Beth Provost, et al. Level of gross and fine motor development in young children with ASD [J]. Physical & occupational therapy in pediatrics, 2007, 27(3): 21-36.

[2] Gernsbacher MA, et al. Infant and toddler oral and manual motor skills predict later speech fluency in autism [J]. Child Psychol Psychiatry, 2008, 49: 43-50.

异常、步态蹒跚、脚尖走路等的特点。斯台普斯(Kerri L. Staples)对25个9～12岁的自闭症儿童使用TGMD-2(大肌肉群发展测试)进行测试,自闭症儿童的能力与他们年龄一半的正常儿童接近。

(3) 精细动作异常

现有的精细动作的研究主要集中于自闭症儿童手的灵活性、物体控制能力、书写、唇舌运动、面部表情等方面。格林(Green)对101个10～14岁的自闭症儿童的研究发现,他们中的79%在手部精细动作方面存在损伤,特别是男性自闭症表现出不成熟的扔物和抓物动作模式。格林在2002年的研究中发现阿斯伯格儿童在手灵巧度上表现出的损伤最严重。因自闭症儿童在精细动作、运动执行功能、手眼协调损伤方面普遍流行,所以自闭症儿童往往在书写方面存在困难。"他手里的笔不听使唤,好像总是卡在那里,而且溅出墨水。"与普通儿童相比,自闭症儿童书写存在较明显的落后。图1-1中的文字(a)是7岁普通儿童所写,(b)是14岁普通儿童所写,(c)是7岁自闭症儿童所写,(d)是14岁自闭症儿童所写。

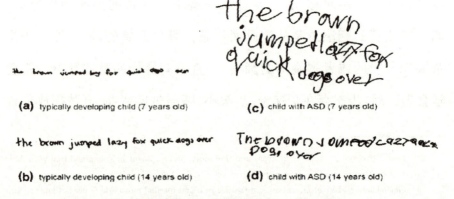

图1-1 同龄自闭症儿童与普通儿童书写对比

与同龄普通儿童相比,自闭症儿童的书写字母不容易辨识,在字母的结构上存有缺失、不完整,字母大小和间距不一,字母排列未在同一水平线上等。有研究者发现部分自闭症儿童的唇舌运动能力比言语语言障碍儿童还要差,有的到两三岁才可以咀嚼较硬的食物,这也成为导致自闭症儿童构音障碍的重要原因。另外,还有研究者发现自闭症儿童的面部表情僵硬、不灵活,尤其是他们的具有社会性功能的表情方面。具有社会性功能的表情是儿童社会交往组成部分,但这部分能力较差又恰恰较容易被家长、学校教师所忽视。

(4) 协调性差、动作笨拙

与普通儿童相比,自闭症儿童表现出运动协调性失调,表现为双手协调、手眼协调、手足协调等能力差。如斯台普斯等将自闭症儿童与3组在年龄、认知和运动水平上与自闭症儿童匹配的普通儿童对照。结果显示很明显,自闭症儿童的双侧肢体的协调有困难。有研究者注意到高功能和阿斯伯格的男孩在平衡、步态和手脚协调等方面有显著障碍。

(5) 运动计划损伤

最近神经解剖学和神经生物学研究发现自闭症儿童大脑皮层运动区、辅助运动区、基底神经节、小脑的功能紊乱,使他们在运动计划、运动执行方面存在缺陷和损伤,这样的损伤并不比其在社会交往、认知能力上的损伤少。

六 感知和运动能力异常发展的生理生化原因是什么？

生理生化因素直接影响着感知和运动系统的生理功能，对感知和运动能力具有最重要的作用。且本书从改善感知和运动系统的生理功能方面开展早期干预，因此，此处仅强调感知和运动能力异常发展的生理生化原因。借鉴现代脑科学的研究方法和重要成果，自闭症儿童生理生化各层次的研究取得了重大研究进展，为早期干预的开展奠定了理论基础。

（1）脑结构

通过各种脑影像学研究方法，研究人员初步了解了自闭症儿童大脑发育的规律及其可能存在的问题、小脑体积增长情况和主要细胞的生长规律及脑干结构和体积等重要问题。

自闭症儿童大脑体积研究结论主要有以下几个方面。第一，左右大脑不对称性。左脑海马回变平，左侧脑室扩大，左侧脑半球脑实质的缩小，并且大脑的左半球存在一定数量且不对称的机能减退①。第二,早期大脑体积增长过快。自闭症儿童的头围在开始时比75%的孩子头围小,迅速长大后比84%的孩子头围要大。1～3岁中大脑体积过度增长,比普通儿童增长速度快10%左右;2～3岁时头围尺寸超过普通儿童平均值的20%;3岁后增长速度开始减缓;到青春期和成人时,他们的头围和大脑尺寸与普通儿童差不多。第三,边缘系统中神经细胞体积减小但密度增加,杏仁核、海马、内嗅皮质、内侧隔核、乳头体、前扣带和海马树突的复杂性降低。背外侧前额叶皮质神经细胞密度增加,皮质第三层的微柱空间降低。背侧沟(负责动态视觉信息处理)和腹侧沟(负责静态视觉信息处理)均存在异常。第四,"社会脑区"功能下降,主要集中在枕叶、颞叶皮质、杏仁核、梭状回、眶额皮质和前扣带回,这是自闭症儿童社会功能受损的重要原因②。第五,大脑胼胝体体积减小,主要集中于前部,大脑半球间纤维连接减少影响了大脑左右半球的信息传递。

自闭症儿童5岁前小脑体积增长7%左右,5岁后增长速度减缓。艾尔沃德(Aylward)等报道在自闭症者中会出现小脑扁桃体和海马组织萎缩,这些组织的衰减将会降低枝条状和神经浆的发展,特别是影响大脑皮层③。自闭症儿童额叶皮质、小脑蚓部存在

---

① Chiron C, Leboyer M, Leon F, et al. SPECT of the brain in childhood autism: evidence for a lack of normal hemispheric asymmetry [J]. Dev Med Child Neurol,1995,37(3):849-860.
② 方悦,王高华,等.孤独症功能核磁共振成像技术研究[J].临床神经电生理学杂志,2010,20(2):134-135.
③ Aylward EH, Minshew NJ, Golden G, et al. MRI volumes of amygdala and hippocampus in non-mentally retarded autistic adolescents and adults[J]. Neurology,1999,53(8):214522150.

神经元丢失或功能下降,其严重程度与语言障碍、认知障碍等临床表现相关;小脑蚓部存在细胞膜的代谢异常、髓鞘发育不良。自闭症儿童小脑蚓部可能存在细胞膜的代谢异常、髓鞘发育不良或胆碱能系统兴奋性降低[①]。研究指出自闭症儿童在视觉线索上注意定向变慢的程度,与小脑发育不全的程度存在相关。

自闭症儿童脑干的第三脑室扩大,脑干总面积和脑桥面积均小于对照组。脑干的下行纤维可能有功能障碍,从而使这些纤维联系的神经细胞出现继发性功能障碍,致使感觉输入发生障碍而产生感知觉异常。自闭症儿童体感传导通路皮层电位潜伏期延长和波幅的改变,提示皮层下(包括脑干、丘脑)和相关皮层功能受损的可能[②]。

(2)脑血灌注

人脑是人体所有器官中代谢速率最高的器官,其代谢所需的能力是靠血液输送的各类营养物质而决定的。脑血灌注状况决定着脑的营养物质的充足性和脑的活跃程度。脑血灌注异常与脑血管异常、该区域脑活动程度低和脑功能异常有非常密切的关系。党桂娟和裴丹对23名自闭症儿童进行研究得出:83%存在脑血流灌注降低,其中78%的病灶位于海马回、颞叶、顶枕叶、扣带回等边缘系

---

① 邹小兵,曾小璐,等.儿童孤独症脑磁共振波谱的病例——对照研究[J].中国儿童保健杂志,2010,18(1):5-8.

② 古美华,等.78例儿童孤独症患者体感诱发电位分析[J].临床神经电生理学杂志,2006,15(3):150-151.

统①。金常青等研究得出：自闭症的颞叶、尾状核、壳核、丘脑下部、海马、枕叶的血流量均存在不同程度的下降，与普通儿童比较有显著性差异②。脑血流灌注显像的左右不对称性研究，左侧脑血流量均低于右侧③。

（3）神经传导

张楠和李玉茹对20名1岁零8个月至5岁自闭症儿童进行听觉诱发反应测试得出：自闭症儿童听力基本正常，但脑干听觉传导时间延长，且起病时间越久，延长越明显④。推测自闭症患儿脑干听觉传导通路可能异常，这可能是造成自闭症患儿认知、语言能力发育异常的原因之一。此外，郭艳红等对115例1岁零8个月至13岁自闭症者脑电图检查，得出45.2%异常脑电图，其中23例表现为基本节律减慢，慢波多于同龄；局限性异常14例；癫痫样放电10例；局限性异常＋癫痫样放电5例⑤。

（4）镜像神经元

就神经元层面而言，与感知和运动能力相关且目前研究关注的

---

① 党桂娟，裴丹.孤独症儿童的脑血流变化分析[J].中国误诊学杂志，2010，10(7)：1575-1576.
② 金常青，等.99Tcm2ECD脑血流灌注显像评估儿童孤独症脑血流变化[J].中国医学影像技术，2005，21(6)：944-946.
③ 舒明跃，贾少微，等.孤独症患儿脑单光子发射计算机体层摄影术的研究[J].中华精神科杂志，2001，34(2)：76-79.
④ 张楠，李玉茹.自闭症患儿听觉诱发反应检测分析[J].听力学及言语疾病杂志，2008，16(2)：129-131.
⑤ 郭艳红，黄玲珠，孙建兵.儿童孤独症患儿脑电图特征分析[J].现代电生理学杂志，2009，16(1)：13-14.

是镜像神经元。它是指人体在自己执行和观察他人执行时都会发生冲动的神经元,就像是神经系统中放置的镜子一样。它广泛分布于大脑各个区域,集中分布于颞上沟、上颞叶沟、顶下小叶、额下回、后顶叶区和脑岛中叶,在感知、动作模仿、动作理解、语言学习和情感体验中有重要作用。与普通儿童相比,自闭症儿童存在镜像神经元损伤。因此,研究者提出"碎镜假说":镜像神经元系统功能障碍可能是自闭症者观察能力薄弱、模仿表现不佳、心理理论缺乏以及社会认知受损的根源[①]。人类的神经系统具有可塑性,镜像神经元也不例外,通过长期的反复训练,镜像神经元的联系和反应强度可以得到改善。通过计算机呈现模拟的或给予现实的刺激环境,能够设计出各种可以激活镜像神经元系统的感觉刺激和动作以修复发育障碍的神经系统。

---

① 张静,丁峻.孤独症成因的新假说及其干预[J].健康研究,2010,30(2):128-131.

七 常用的感知和运动能力生理评估方法有哪些？

生理评估方法主要有脑功能评估和生理系统评估。感知觉能力的生理系统评估是对各感觉领域的评估，如视力测试、听力测试等。运动能力的生理系统评估是对各个运动要素的评估，如肌力、肌张力检查，关节活动度测试。因生理系统评估在其他专业书籍中都有详述，家长可据需要翻阅，此处就不再赘述。以下将对脑功能评估进行详细叙述。

一直致力于治疗脑伤儿童的格连·杜曼（Gleen Doman）先生在一次演讲结束后被一位年轻医生问起："如果你认为你已经成功地治愈脑伤儿童，那么你是否亲眼看过这些孩子的脑部？"格林·杜曼先生当时只能从道德和伦理方面回答："不能牺牲人命去观察脑部成长。"若是现在，也许他能更有理有据地回答了。因为随着科学的发展，不用扒开儿童的脑，就可以了解儿童脑功能的恢复水平了。

（1）脑电图

脑电图（Electroencephalogram，EEG）是利用在头皮上安放电极将神经电活动引出来并经脑电图机放大后记录在专门的纸上,所得的图形。根据脑电图图形的频率、波幅和波形可以分析脑的神经电生理活动。检查前需主要做好三项准备:第一,人体血糖水平对脑电图影响很大,所以脑电图检查最好在饭后1~2小时内进行。第二,检查前3天停用一切镇静或安眠药物。第三,为降低头皮电阻应在检查前1天洗头。但是,此法只能反映大脑皮层的功能,而不能反映皮质下特别是脑干功能。

(2) 诱发电位

诱发电位(Evoked Potentials,EPs)是指给予神经系统特定刺激(光、声或体感刺激)后,脑的相应部位可产生相应的生物电反应。通过分析诱发电位波形分析特定系统或部位的功能状况。此法是评估感觉系统神经生理功能最重要的方法,有助于判断感觉系统神经通路的完整性、反应速度、反应强度等,并且不需要儿童的主观报告,非常适用于无语言、认知能力差的儿童的感觉系统功能评估。但此法不能确定神经传导通路的单个部位的功能状况。主要方法有四种。其一,视觉诱发电位(EVP)检测从视网膜经视路传导至枕叶皮层而引起的电位变化。其二,脑干听觉诱发电位(BAEP)是检测脑干受损情况最敏感的一项指标,记录听觉传导通路电活动,反映耳蜗至脑干相关结构的功能状况。其三,体感诱发电位(SEP)是由体表肤觉刺激引起的相应部位神经通路的电活动。其四,事件相关电位(ERP)是有心理因素参与的诱发电位,衡量接受高级心理活动刺激时大脑信息加工状态。

(3) 脑CT

CT是电脑X射线断层扫描技术的简称,根据人体不同组织对X线的吸收率不同,应用高敏感度的探测器进行测量,并通过电脑转换成图像。此法开始于20世纪六七十年代,目前广泛应用于检查脑结构异常,例如肿瘤和脑积水。自闭症儿童一般没有宏观上的脑结构异常,因此脑CT对自闭症儿童脑功能评估的价值非常低。建议尽量不做脑CT检查,而做精细度更高的功能性神经影像检查。

(4) 功能性神经影像技术

功能性神经影像技术是目前较精细、准确性较高的无创伤的脑功能活动检测方法。其基本原理是当某块脑区工作时,其需要的能力将急剧增加,通过追踪反映这些能力变化的生理参数,就能知道当脑从事某种任务活动时哪一部分脑区最兴奋、最活跃,从而了解各脑区的血流量、氧代谢率和脑血容量。具体包括以下三种技术。其一,功能性核磁共振成像(fMRI)是通过脑区对血氧水平依赖原理反映脑血流变化动力学变化,不涉及放射性元素。其二,单光子发射计算机体层成像(SPECT)用于研究基本下脑血流的相对变化,价格较低,但是空间和时间分辨率较低。其三,正电子发射体层成像(PET)借助放射性核素记录脑血流,是检测局部脑血流量、局部脑氧代谢率和脑血容量准确度最高的方法。

八　常用的感知和运动能力心理行为评估量表有哪些？

研究者开发了大量感知和运动能力评估量表，绝大部分也适用于自闭症儿童。整体上各评估量表主要有以下五个特点。一是国外多国内少。二是单领域或部分领域评估多，各领域的综合性评估量表少。三是适应于各类儿童感知觉评估的多，完全针对自闭症儿童感知觉评估的量表少。四是以照料者填写选项的间接评估多，儿童主动操作的直接评估少。婴幼儿感知和运动能力评估是婴幼儿整体发展的重要内容，因此很多整体发展测验中都涉及，如贝利婴儿神经发展筛选工具、穆伦早期学习量表和米勒学前儿童评估等。为了避免系列书籍的重复，此处仅介绍专门的婴幼儿感知和运动能力评估量表。

表 1-1　儿童感知觉能力评估量表简介[①]

测验/来源	适用对象	量表简介
感觉行为发展顺序表（Harrison Hare, 2004）	各年龄段	包括 10 种感觉 17 个问题，选项是现在有、过去有、没有和不知道。
儿童饮食行为调查表（Archer, Rosenbaum 和 Streiner, 1991）	儿童	包括儿童的进餐时间、饮食情况、进食中的破坏行为等 19 种不同的饮食行为 40 个项目，照料者根据儿童行为发生频率（1＝从不，5＝总是）选择相应分数。
触觉刺激反应测试（Pernon, Pry 和 Baghdadli, 2007）	儿童	测试儿童对材质、温度变化和空气流动的反应。
婴幼儿感觉量表（Provost 和 Oetter, 1993）	0—3 岁	包括听觉、视觉、味觉、嗅觉、触觉、温度觉、本体觉和前庭觉等领域的 136 个项目，由父母根据儿童的感觉防御行为进行 5 个等级的评定。
婴儿感觉功能测试（DeGangi 和 Greenspan, 1989）	4—18 月	评量婴儿的感觉处理和感觉反应，包括触压觉、视触统合、适应性运动功能、视觉动作控制和前庭刺激反应 5 个领域 24 个项目。
感觉体验问卷（Baranek et al., 2006）	5—80 月	照顾者根据儿童对日常感觉刺激的体验（例如，不喜欢拥抱）填写问卷。评估者根据总分和分量表得分推断儿童是反应过度敏感还是反应过度迟钝。
幼儿感觉处理评估（Baranek, 1999a）	学前儿童	观察儿童对新奇玩具和环境中感觉刺激（如听觉、触觉和视觉等）的反应，重点观察儿童出现的感觉逃避、定向、习惯化和刻板行为。

① 主要参考：Claudia List Hilton, Sensory Processing and Motor Issues in Autism Spectrum Disorders.

发展自闭谱系障碍儿童的感知和运动能力

续表

测验/来源	适用对象	量表简介
婴儿/学步儿感觉测验（Dunn，2002）	0—3岁	照料者根据婴幼儿的在常规活动的反应、视觉反应、听觉反应、触觉反应、前庭觉反应和感觉反应（指口的触觉和味觉及嗅觉）6个领域的48个项目表现填写问卷。评估者根据得分分析婴幼儿感觉反应情况（典型、可能异常、明确异常）。
幼儿行为评估量表中感觉防御分量表（TBAQ；Goldsmith，1996）	18—36个月	照料者根据幼儿在听觉防御和触觉防御两个部分的表现填写7级量表。
触觉和前庭觉问卷（Bar-Shalita，Goldstand，Hann-Markowitz 和 Parush，2005）	3—4岁	包括65个触觉项目和32个前庭觉项目，每个项目选项是从"非常喜欢"到"非常讨厌"5个级别。
感觉评量（Dunn，1999）	3—10岁	照料者根据儿童对各种感觉刺激的反应频率填写，包括125个项目。
简明感觉评量（McIntosh，Miller，Shyu 和 Dunn，1999）	3—10岁	0—4分四级评分量表，共38个项目，测试时长约为10分钟。常模样本为1200名3—10岁儿童，信度系数0.9。
感觉评量学校量表（Dunn，2006）	3—12岁	包括视觉、听觉、触觉、运动觉和感觉行为4个领域62个项目，由教师填写，测试时长约为15分钟。
触觉防御和辨别测试（修订版）（TDDT-R；Baranek，1997）	3—12岁	测评儿童触觉行为的标准化行为评估量表。
感觉逃避量表（Baranek et al.，2002）	3—12岁	评估儿童对9种新奇的多感觉刺激玩具的反应。

续表

测验/来源	适用对象	量表简介
戈德曼-弗里斯托-伍德科克成套听觉技能测验（Goldman, Fristoe 和 Woodcock, 1974）	3岁以上	该量表内容丰富,测量听觉的选择性注意、辨别力、记忆力和声音与符号的关系等能力,应用于自闭症儿童评估时测验题数量多且难度大。
听觉辨别测验（Reynolds, 1985）	4—8岁	评量儿童区分相似单词(只有1个音素有差别)的能力。有两个分别包括10对相同的单词和30对不同的单词的版本。测试时,主试读成对单词,被试判断单词是否相同。测试时间约5分钟。
视知觉发展测验（Mikhail, 1993）	4—10岁	由8个分量表组成,共225题,包括手眼协调(4题)、临摹(20题)、空间关系(10题)、空间位置(25题)、图片-背景(18题)、视觉填充(20题)、视觉-动作速度(128题)和图形恒常性(20题)。
儿童感觉统合能力评定量表（北京大学精神卫生研究所引进, 1994）	6—12岁	包括前庭失衡(14题)、触觉过分防御(21题)、本体感失调(12题)、学习能力不足(8题)、大年龄的特殊问题(3题),共58题,每题分为"从不、很少、有时、常常、总是"5—1分的五级评分。测试方法是由家长或其他知情人士根据儿童近1个月的表现勾选测题的相应选项,用时约20分钟。
自闭症儿童感知评估表（中残联, 2008）	0—6岁孤独症及其他广泛性发展障碍儿童	是自闭症儿童发展评估表中的第一部分,共55题,主要评估儿童视觉、听觉、触觉、嗅觉和味觉5个领域在注意、反应、辨别和记忆等方面的能力现状、优劣与需求。
特殊儿童感知觉评估量表（王和平,徐芳, 2012）	2—6岁普通儿童；3—12岁特殊儿童	评估者根据儿童在视觉、听觉、触觉、平衡觉、本体觉和其他觉7个领域的77个项目中的操作表现计分,采用0—3分的四级评分制度。

表 1-2　儿童运动能力评估量表简介①

测验/来源	适用对象	量表简介
儿童障碍评价体系（Haley, Coster, Ludlow, Haltiwanger, & Andrellos,1992）	出生到 7 岁半	照料者和教师报告儿童功能性能力的常模参照量表，也包括照料者辅助分数和需要进行的修改。
皮博迪运动发育量表（第二版）（Folio & Fewell, 2000）	0—5 岁	粗大和精细动作的规范和标准参照分数。也提供教育和康复计划。
瓦恩兰适应行为量表（Sparrow, Cicchetti, & Balla, 2005）	出生到成人	通过家长/教师访谈得出儿童在交往、社会性、日常生活自理和运动能力的适应性行为分数。此外，对适应不良行为进行评分。
婴幼儿运动测试（Miller & Roid, 1994）	2—42 个月	对运动、位移、移动时身体稳定性的标准常模参照观测量表。
上肢技能测试（DeMatteo et al., 1993）	18 个月到 8 岁	根据最低发育标准所设计的标准参照观察性评估，分数反映出障碍（残疾）的严重性而不是年龄。分数是按照百分比来算的，最大分数是 100%。
米勒运动和参与量表（M-FUN; Miller, 2006）	2 岁 6 个月到 7 岁 11 个月	分为粗大动作、精细动作和视动量表，包括父母和教师问卷。
大肌肉动作发展测试（Ulrich, 1985）	3—10 岁	12 个基本的运动技能项目的常模参照量表，每个运动技能有 3~4 个可观察的标准。技能分两个领域，分别是运动和物体控制。

---

① 主要参考：Claudia List Hilton, Sensory Processing and Motor Issues in Autism Spectrum Disorders.

续表

测验/来源	适用对象	量表简介
儿童发育协调障碍评估工具（Henderson & Sugden, 1992）	4—12 岁	由感觉运动能力的 3 个子测验、8 个测试项目组成。
发展性协调障碍问卷（DWilson, Kaplan, & Roberts, 2007）	5—15 岁	针对照料者的 15 个项目的调查问卷。照料者用 5 级评分评价孩子的运动技能。
布因氏动作能力测验（第二版）（Bruininks & Bruininks, 2005）	4—21 岁	个别化的直接评估，包括对手部精细动作控制、身体协调、力量、灵活等的原始分数、标准分数和百分数。
感觉测试—家庭版（Parham & Ecker, 2007）	5—12 岁	75 个项目的调查问卷。总量表和 7 个感觉领域（社会参与、视觉、听觉、触觉、本体感觉、平衡和运动、计划）分量表的原始分数和 T 分数。按照标准分数分成典型、有一些问题、存在确定的功能障碍。
感觉测试—学校版（Kuhaneck et al., 2007）	5—12 岁	62 个项目的调查问卷。总量表和 7 个感觉领域（社会参与、视觉、听觉、触觉、本体感觉、平衡和运动、计划）分量表的原始分数和 T 分数。按照标准分数分成典型、有一些问题、存在确定的功能障碍。
孤独症儿童运动能力发展评估表（中残联, 2008）	0—6 岁	粗大动作领域评估共 72 个项目，精细动作领域评估共 66 个项目。评分标准为"通过"、"中间反应"、"不通过"3 级。目前，还未有对该评估量表信度和效度的报告。
特殊儿童运动能力评估量表（王和平, 韩文娟, 2012）	2—6 岁普通儿童；3—12 岁特殊儿童	评估者根据儿童在颜面部、下颌唇舌部、头颈部、躯干、上肢、下肢、手指、复杂运动 8 个领域的基本动作和节律动作，对共 249 个项目中的操作表现计分。

九 感知和运动能力干预有哪些特点？

感知和运动能力干预是儿童康复中的重要内容，相比其他的干预内容，具有以下几个特点。

（1）基础性

人对世间万物的认识都是先从对事物的感知开始，没有对事物的感觉根本无法生活。而人的不断运动可以促进神经系统发育和感知、认知、自我表达、自我概念等的不断发展。所以，感知和运动能力是儿童在生命早期最先发展的能力，也是儿童的认知、言语语言、生活自理等其他能力发展的基础。因此，相对其他的干预领域而言，感知和运动干预是基础。也就是说，任何领域的干预都离不开感知和运动的干预内容，而感知和运动能力的干预效果也将直接影响其他领域的干预。

从神经生理学的角度来说，感知和运动能力的干预是以中枢神经系统的结构和机能的可塑性理论为基础的，主要有"替代"和"重获"两类。感觉替代和网络重组过程也就是中枢神经系统结构重新分配和机能再分工的过程。在这一过程中，个体活动的感觉传入和运动信息的反馈是非常重要的[①]。这也就说明了,感知和运动能力的干预是整个儿童干预的基础。

(2)长期性

感知和运动能力干预以中枢神经系统可塑性为基础,这就好像在神经通路上出现了"此路不通"的现象后,要么在原来的路线上重新修好,要么干脆再造新路。突触是中枢神经系统可塑性最强的部位,而在神经元间建立新的突触联系,需要通过不断的、长期的作用才可完成。这样通过外部的不断作用,慢慢促使生理上发生变化,所以感知和运动能力的干预是一个长期的过程。

(3)反复性

无论是感觉替代还是网络重组好像都是通过"做"来学习和建立的[②]。而这个"做"的过程,就是儿童不断接受刺激、不断练习的过程。且神经网络重组中如果刺激不够或出现刺激间断,神经连接又会出现脱节,外显行为表现为原本已经掌握的感知和运动能力又缺失了。所以,感知和运动能力的干预具有反复性。

[①] 孙久荣. 脑科学导论[M]. 北京:北京大学出版社,2001:324.
[②] 同上.

十 感知和运动能力干预有哪些基本原则？

感知和运动干预时既要考虑自闭症儿童的身心特点，也要在确保儿童安全基础上，通过调整干预过程中的各项因素灵活开展，发挥儿童的主动性，保证一定的干预强度，确保良好的干预效果。

(1) 个性化

每个儿童在感知、运动能力方面的表现差异巨大，其兴趣、爱好、家庭环境等也各不相同。所以，感知、运动干预中同样要遵循个性化的基本原则。也就是说从感知、运动能力的评估，到干预目标和每次干预计划的制订，再到设计干预项目和实时评估，每个环节的开展都是以儿童的特点为基础的。没有一套干预内容可以套用在不同的儿童身上。再者，同一个儿童也是不断发展、变化的，以前的"老办法"会随着儿童的发展而失去效用。所以，即使是对同一个儿童也必须用发展的眼光看问题，与儿童俱进。

(2) 安全性

感知和运动能力干预一般不是静止状态下开展，而是需要不断地活动,甚至有大强度、大幅度的活动,所以相对于其他领域干预,感知和运动能力干预安全问题甚是突出。活动开始前,干预者应该提醒儿童或者帮助儿童检查身上是否有尖锐物品,如钥匙、别针、笔等。同时,仔细检查活动区域内及周围,将可能对儿童造成伤害的尖锐物品、小体积物品、棱角锋利的家具和设备等搬离活动区。整个干预过程中,干预者要保证儿童在其视野可见范围内。活动中应对儿童进行近身保护,即距离儿童在手臂可及范围之内,以便快速做出反应。但又不能离儿童太近,以防儿童主动性降低。同时,干预者也应时刻注意关注周围环境,及时处理由环境刺激引起的儿童异常感知觉行为反应,如尖叫、自伤、从高处跳下或者将小体积物品、教具等放入口中。干预结束后,干预者应保证儿童另有他人照看后方可离开。此外,干预者在尝试、示范活动时的安全同样不容忽视,在这个过程中需要有他人保护方可进行,防止意外事故发生。

（3）灵活性

自闭症儿童的干预过程实际上是一个不断调整干预计划以灵活开展干预的过程。这是为什么呢？一是儿童的状态并不稳定,可能会随着季节、周围环境中的人和物、身体状况、前一个干预活动的开展情况等等而随时发生变化。二是预先设计好的项目其实是在理想状态下设计的,实施时常常会碰到高于或者低于儿童能力水平、兴奋水平、兴趣水平的状况。三是特殊儿童注意力保持和分配困难,大脑活动水平低,同样形式、同样节奏,甚至同样的人员都容易让其产生疲劳。基于以上三点,在感知和运动干预中,干预者一定要时刻关注儿童状态,根据儿童的状态灵活调整干预项目,具体表现如下。① 干预形式。灵活采用一对一、一对多、多对多等形式。② 干预场所。家中、体育场、小区空地、公园等都可作为干预场所。③ 干预人员。父母、伙伴、教师等都可作为干预参与者。④ 干预节奏。为保证训练强度,干预应该一个环节接一个环节紧凑进行,但也可调整节奏,紧凑、舒缓交替进行。⑤ 干预项目顺序。干预项目及项目间的先后顺序,干预者需根据干预进展和儿童状态随机应变,如调整项目难度、利用儿童感兴趣的项目过渡、利用强化物奖励等等。但是,无论如何灵活调整,需始终围绕干预目标,保证干预强度和儿童安全。

(4) 强度适宜

干预中的强度相当于医学中的药量。药量过低不能达到疗效,药量过高容易造成损失。因此,强度适宜是干预效果的重要保证,是干预过程需要时时关注的因素。干预强度与单次活动强度、持续时长成正比,与休息次数成反比。因此可以利用这三个因素根据不同儿童或同一儿童的不同时期加以调整。干预初期作为过渡安置,干预人员了解儿童、收集儿童信息等,并让儿童适应环境和调整情绪状态,适宜低强度训练。胆小粘人或过度不安的儿童,最好由熟悉儿童的家长陪伴训练。过渡安置期时长根据儿童特点及干预的单次时长和干预频率而不同,一般累计时长不要超过15小时。待儿童适应环境后,可加快训练节奏,脱离家长,进行单独训练,也可把依恋对象作为强化物,提高干预强度。若儿童身体不适或由于其他原因,干预暂停一段时间后恢复干预时期,干预强度最好比之前稍低,随着儿童继续参与干预而尽快恢复干预强度。结案前2周也需要逐渐降低强度,利于儿童适应训练结束后的新环境。

发展自闭谱系障碍儿童的感知和运动能力

 感知和运动能力干预有哪些基本技术？

感知和运动能力干预是针对脑功能、感知觉系统、运动系统进行分领域或综合干预的，并且在干预中可以根据儿童实际能力和训练情境渗透社会规则、语言、认知等其他方面能力的训练。

（1）脑功能干预基本技术

虽然自闭症发生原因尚不明确，但有一点可以肯定：基因改变导致自闭症儿童的脑功能出现异常而产生心理和行为方面的异常，换句话说，自闭症（或者说绝大部分特殊儿童）早期干预就是父母和专业人员展开与大脑功能失调的对抗。人体的营养物质主要依靠血液循环输送到全身各处，脑亦不例外。并且脑作为人体分化程度最高的器官，有丰富的血供和较完善的血液代偿系统。脑耗氧量约占人体1/6，血流量占人体1/5。充分的血液循环是促进脑功能发育极端重要的因素。因此，脑功能干预的核心内容是促进脑的血液循环，加快脑组织的活动。脑组织位于颅腔内，软硬类似于豆腐，可以通过倒立、蹦跳、按摩头部等机械能（重力势能和动能）作用于脑组织，促使脑组织血液再分配，增强血管弹性，加快脑血液循环，促进脑发育。

（2）感知觉干预基本技术

感知觉异常实质是感知觉神经传导通路异常，正所谓"走的人多了，也就成了路"，神经传导通路的异常也只能靠走在其上的神经冲动来修正，需要外界多加感知觉刺激即可。所以不管是感知觉反应过敏还是过度迟钝，干预中都需要增加相应领域的感知觉刺激，因此干预的内容是一致的，只是操作方式随个体感知觉所需刺激的情况不同而不同。如果是反应过度敏感，则干预初期刺激物的强度要低，随着个体感知觉系统功能的恢复，再逐渐增加刺激物强度。如果是反应过度迟钝，为了让个体感受到刺激则干预初期刺激强度要高，随着个体感知觉系统功能的恢复，再逐渐降低刺激强度，直至个体完全恢复到正常的感知觉阈值。

（3）运动干预基本技术

运动干预是康复训练的基本方法，以运动学和神经生理学为基础，使用设备或徒手通过儿童主动和被动的运动，使全身和局部的运动功能恢复。简而言之，就是通过运动来发展运动。运动干预可针对不同的运动要素，如肌力、耐力、关节活动度、协调性等；可针对不同的运动类型，如粗大动作、精细动作；可根据运动涉及的范围，如全身和局部的运动来开展。但无论何种干预类型，需充分发挥儿童运动的主动性，干预人员适度、适时给予支持直至完全撤除支持。运动干预往往需要反复练习，为保持儿童的主动性，干预人员针对某项干预任务需设计目标一致,但形式不同的项目,保持儿童的"新鲜感"。

以粗大动作中的全身运动中的跑为例,可分为原地跑、前跑、倒跑、左右跑等多种类型,对儿童的协调性要求极高。此时,只能通过不断地跑来提高儿童跑的能力。但是枯燥的跑并不能调动儿童的主动性,势必会影响干预效果。所以,对于小龄儿童,可通过儿童间的追逐、追逐快速移动的物品、手举风车、成人与儿童面对面贴身跑等方式完成干预任务。

感知能力干预有哪些常用方法？

90%以上的自闭症儿童有感觉异常，追踪研究得出95%以上的自闭症者症状到30岁仍存在[1]。感觉问题影响自闭症儿童适应日常生活，并阻碍儿童从其他训练和教学计划中受益。感觉统合可以通过为儿童提供合适的感觉经验得到改善。儿童通过本体感觉和前庭觉活动，神经系统可以更好地调整、组织和整合环境中的信息，这反过来为合适的反应和更高水平的学习奠定基础。因此感知觉训练是自闭症儿童训练计划中重要的组成部分。

（1）视觉功能矫正

视觉系统在学习和发展中有重要作用，视觉功能异常会使自闭症儿童注意力不集中、运动协调能力差、社会交往及阅读困难。加之自闭症儿童不能有效使用视觉系统，必须更多地依靠触觉、嗅觉和味觉等基础感觉系统，使其出现乱摸、乱闻和误食等异常行为。

---

[1] Lorna Wing, Judith Gould, Christopher Gillberg. Autism spectrum disorders in the DSM-V: Better or worse than the DSM-IV[J]. Research in Developmental Disabilities, 2011, 32:768-773.

大部分自闭症儿童不能用语言描述他们的视觉状况,且常规的视觉检查难以检查自闭症儿童的视觉异常情况。因此,必须从他们的视物姿势和对环境刺激的反应推断其视觉异常状况。国外主要采用佩戴合适的眼镜后开展视觉定位训练的方法。用于自闭症儿童视觉功能矫正的眼镜主要有两种。一是阿伦有色戴眼镜(Irlen colored glasses)主要用于帮助视觉反应敏感的自闭症儿童,以减轻艳丽色彩的刺激和对比色较强的视觉刺激。该技术未在国内推行,但依据此原理,可以选择颜色较淡的太阳镜以缓解视觉刺激的强度。第二,采用棱镜眼镜(prism lenses)矫正自闭症儿童的视觉功能定位困难。卡普兰教授(Dr. Mel Kaplan)让14名自闭症儿童佩戴棱镜眼镜后,通过观察和录像分析,结果得出被试在调整头部倾斜、身体姿势和接球能力三方面能力显著提升。

案例 1-2

夏 洛 蒂 的 视 觉 功 能 矫 正

夏洛蒂两岁10个月时被诊断为自闭症,在运动、语言和社会交往等方面显著落后于同龄普通儿童,表现为平衡能力差、走路常摔跤、无目光对视且缺乏基本的社交技能。经作业治疗师评估发现夏洛蒂视觉存在异常,并推荐其佩戴棱形眼镜以缓解视觉异常的影响。在初始评估阶段，卡普兰教授让夏洛蒂试戴不同镜片，并观察其在多种活动中的表现，如走平衡木、抛接球和看电视等，以确定最合适的镜片。几周后，夏洛蒂习惯了眼镜，卡普兰教授的团队为其进行每周一次的专业视觉训练，并要求其母亲在家庭日常生活中加以练习。几个月后，夏洛蒂在运动、本体感觉和社会交往等方面取得了较大进步。其斜视得到很大改善，对空间认知更加准确，社会交往中会与他人目光对视，更加遵守社会规则。其母亲高兴地说："在视觉问题得到缓解后，夏洛蒂在各个领域都取得了进步。但是这一矫正方法需要长期的努力，直到5岁夏洛蒂还是戴着眼镜。"

（2）听觉统合训练

对于自闭症者来说，最常受损的感官是听觉器官。听觉处理异常也是造成行为问题、语言和社交异常的重要原因。天宝·格兰丁强调："我有大量的感觉问题，对我影响最大的就是听觉/声音。"声音出现的时机往往难以观察和预料，且声源的范围很广。一旦孩子被某个声音伤到，他很久都不会忘记，并且对声音发生的环境产生抗拒心理。自闭症儿童听觉统合训练是单一感知觉领域干预中最受关注、应用范围最广的方法。

自闭症儿童听觉反应异常，对某些频率的声音反应过度敏感或过度迟钝。例如，有些日常噪音不会影响普通人，却让"听觉过敏"的儿童非常痛苦，不了解的人会认为他们疯了。其实经过评估诊断后才发现这些儿童听到的声音强度并不是普通人所听到的声音强度。法国的耳鼻喉专科医生盖·布拉德（Guy Berard）基于听觉神经可塑性原理和矫正自己听觉衰退经历，采用特制设备开展自闭症儿童听觉统合训练。盖·布拉德治疗48个自闭症儿童中，其中《雨中起舞》一书的乔琪不可思议地完全康复，并以优异的成绩完成研究所的课程，其他儿童也有一定程度的改善。该方法具体操作是：先通过专业的仪器测评儿童各个频率的听力敏感情况，绘制详细的听力图，精确地找出听力扭曲的频率；然后治疗师通过调整仪器的标度，间隔播放听觉反应敏感度低的频率声音和反应过度敏感的频率声音，儿童在隔音房中戴上耳机听这些被调整过的声音。训练每次半小时，期间不能取下耳机，每天上、下午各一次，共十天。

国内外多项研究结果得出：听觉统合训练可改善自闭症儿童语言、社会交往、情绪、睡眠问题，注意力和运动技能等方面能力均得到提升。听觉统合训练设备较贵，国内设备的价格都在三四十万元以上，因此国内听觉统合训练集中在于北京、上海、山东和海南等地妇幼保健院，未在自闭症康复训练机构和自闭症儿童家庭广泛运用。

> **案例1-3**
>
> ## 万幸的乔琪
>
> 安娜贝尔有两个孩子,大女儿豆希患白血病,小女儿乔琪是自闭症。丈夫弃母女三人不顾,而与安娜贝尔的好友同居。安娜贝尔几乎要被压垮,开始酗酒并靠吃镇静剂度日,一度进入精神病院。但是日子再难,她还是重新站起来。乔琪4岁时进入专业机构训练,在语言上从不会说话到说话清楚流利,但是在情绪行为方面问题较大,如焦躁、自伤和攻击性行为等。11岁时,盖·布拉德对乔琪进行了十天的听觉统合训练(每次半小时,每天两次)后,其听力扭曲得到完全纠正,后来完全康复,大学毕业时获得杰出学生奖并获奖学金攻读硕士研究生。

(3) 肤觉功能干预

自闭症儿童抠自己、边咬自己边拍大腿等自我刺激行为及不分对象和场合的拥抱、亲吻他人等异常行为,主要原因之一是肤觉功能异常。目前国内外采用的触觉功能干预的方法主要有三种。一是按摩。与徒手按摩相比,按摩器按摩可根据儿童肤觉敏感度和按摩部位选择按摩头形状、按摩力度和按摩速度。此法操作简单、持续时间长、效果更佳。若儿童肤觉反应过敏,则需从小强度开始。操作时可把按摩头放置于训练人员两手指间或隔着较厚的衣物,以降低按摩强度。待儿童适应后再撤除手指遮挡,逐渐加重按摩力度和速度。肤觉反应过度迟钝者则需从大强度按摩刺激开始,可选用细密的按摩头,采用大力度、快速度和长时间的按摩。二是由天宝·格兰丁自行设计的深度压觉器,当情绪不安时进入机器内挤压,效果极佳。拥抱疗法基本的理论基础和这一设备相似,因此,当儿童情绪异常时可采用紧紧抱住儿童的方法平缓其情绪。三是通过特制的穿戴,如紧身衣、重力背心和橡胶手套等,通过改变衣物对皮肤的刺激,改善自闭症儿童触觉异常。

（4）感官教育

感官教育旨在锻炼幼儿的感觉系统,是蒙台梭利教育体系中的重要内容。蒙台梭利认为0—6岁是儿童的感官发育的关键期:2—4岁是形象视觉发展的关键期,3—5岁是听觉发展的关键期,4—5岁是记忆流畅性的关键期,5岁左右是数量知觉发展的关键期,6—7岁是运动知觉速度和灵敏度发展的关键期[①]。蒙台梭利主张对幼儿的视觉、触觉和听觉单独训练,基于幼儿自主探索和构建的能力,创制一套具有自我纠错能力的感官教育教具,让幼儿根据自己的意愿和进度选择相应的教育,自行操作,自我教育。

---

① 卢乐珍.儿童成长的三大关键期(二)别错过幼儿感知觉发展关键期[J].家庭教育(婴幼儿家长),2004,(2):9-11.

运动能力干预有哪些常用方法?

自闭症儿童运动能力干预的方法与其他类型特殊儿童相似,主要用于改善其运动发育迟缓、粗大动作异常和协调性差等问题,对于自闭症儿童的运动计划损伤及自闭症儿童对动作意义的认知缺陷(如点头表示同意)基本未涉及。

(1)体操康复

体操康复是根据人体解剖、生理特征,徒手或者借助一定器械完成成套或单个动作的基本体操,分为徒手体操、轻器械体操和简单的韵律体操。

徒手体操就是将身体各部位的关节活动的动作,如屈、伸、外展、内收、内旋、外旋、旋转,单个重复或者相互间组合而成的体操方式。如重复进行低头、抬头(头颈部的屈、伸动作),或重复进行低头、抬头的同时上肢伸展、胸前交叉(肩关节的外展、内收)。可想而知,动作组合对身体协调性的要求更高,所以动作组合的难度要远远高于单个动作的重复,而且动作组合中涉及的身体部位越多,难度就越大。对儿童进行徒手体操康复时,可将组合动作分解成单个动作分步骤学习,待儿童对分解动作熟悉后,即可要求儿童同时完成几组单个动作,完成动作组合。

轻器械操是在徒手体操的基础上,儿童手拿轻便器械,如圈、丝带、绳等完成体操的动作。其目的是提高体操的观赏性、趣味性,也利于引导儿童学习动作。

简单的韵律操是在徒手或轻器械体操的基础上,儿童的动作随着一定的节奏、韵律完成。节律可以是单一的,也可以是呈规律性或者不规律性变化的。节律单一无变化的,难度较小,对儿童的注意力、协调性要求低于节律变化的。美国的菲里斯·卫卡特(Phyllis S. Weikart)曾说:"要在身体到处移动时仍能注意到韵文、歌曲或乐曲中的节拍,需要增加协调性及注意力。而涉及基本时间感及节拍能力发展的节拍掌控力,显然是轻松完成任何复杂的动作如投篮球所必需的。"[1]从中可以看出,韵律对儿童协调性、运动能力发展意义重大。所以,在儿童完成徒手或者轻器械体操的同时,要求儿童根据一定的节律,如"1-2-3-4,2-2-3-4"的口号或是节律性很强的歌曲(如《最炫民族风》即是这类歌曲)。

成人可根据儿童协调性、动作完成能力选取身体各部位的各关节活动动作,或单一重复或自由组合或手持器械,形成具有独特性、变化性、趣味性的体操。

---

[1] Phyllis S. Weikart. 动作教学:幼儿核心的动作经验[M]. 林翠湄,译. 南京:南京师范大学出版社,2006:137-138.

(2）作业治疗

作业治疗又称职业治疗，是指运用与日常生活、工作有关的各种作业活动或工艺过程进行康复治疗的方法。首先根据儿童精细运动能力的评估结果，制订作业治疗计划，包含精细动作及肌力、耐力、协调性等运动要素的基础性的训练。其次，将作业活动根据儿童的能力分解成具体的、最基本的步骤要素。以串珠为例，可以分为：一手拇指与食指相对从桌面上捏起串珠→另一手捏起绳子→靠近绳子和串珠→绳子头对着串珠→绳子的结头穿过串珠→捏住穿过的绳子结头→拉出绳子。最后，组织实施。先将一个个的要素作为短期训练目标，反复练习。待要素掌握后把一个个的要素连接起来，直至完成作业任务。

（3）其他方法

若自闭症儿童出现严重的运动发育迟缓或肌张力异常，可使用脑瘫儿童康复中的运动康复方法加以干预，如 Bobath 法（又称为神经发育疗法）、Rood 法、Vojta 法等，帮助儿童获得基本运动能力，如坐、翻、爬、走等。

发展自闭谱系障碍儿童的感知和运动能力

十四 如何有效开展感觉统合训练？

感觉统合训练以个体运动为主要形式,旨在提升脑对个体从视、听、触、嗅、前庭等不同感觉通路输入的感觉信息的选择、解释、联系和统一能力,属感知和运动能力综合干预方法。该法既可直接面对感觉统合失调,促进感知觉系统发育;也可与其他训练方法结合,作为辅助。

但通过实际考察自闭症专业训练机构,并访谈训练人员和自闭症儿童家长,发现我国自闭症儿童早期干预中感觉统合训练屡遭诟病,甚至被认为是无效的。造成这种误解的主要原因是目前国内感觉统合训练存在以下问题。一是专业人员缺乏,一般通过几周甚至几天的实务培训,了解感觉统合设备的基本操作方法,即可上岗,对感觉统合训练的生理和心理基础了解甚少,很难根据自闭症儿童个体差异和当下表现及时调整训练内容。二是训练项目屈指可数,一般是设备说明书上的基本操作方法,如滑滑梯、滑滑板、站立平衡台、平衡台上传接球、跳蹦蹦床、俯卧大笼球等。三是程式化训练模式,训练过于死板,且难以顾及个体差异性。训练人员按照训练计划表上的项目顺序开展训练项目,每天训练项目的类型、开展顺序、持续时长几乎不变,持续数月甚至数年。自闭症儿童本来就容易形成刻板的行为模式,这样程序化的训练模式,虽然可提高感觉统合训练效率,但不利于其适应环境的变化。四是训练统合水平低或仅仅是单一感觉功能的训练。涉及两个或两个以上感觉系统间的整合训练较少,在训练中加入认知、语言和音乐等内容的综合训练项目更少,使训练统合水平不足,训练过于局限。五是训练强度不足。训练强度依据个体感觉统合失调类型和程度而定,与单次训练刺激强度和训练的持续时间呈正比。实践中,训练人员常因知识和经验的限制难以较为准确地把握自闭症儿童感觉统合失调程度,更难以根据个体情况设计合适强度的训练项目并灵活应对和处理训练中的突发事件。训练强度不足,类似于临床医学的药物剂量不足,原本应该是每天 3 颗药物的剂量,实际上每天只吃了半颗,当然会大大影响药效。

那么如何有效开展感觉统合训练,促进自闭症儿童感知和运动能力发展呢?需要根据自闭症儿童的个体差异性和训练情境制定训练目标、甄选训练内容、选择训练组织形式和训练基本方法,维持一定的训练强度。

(1)训练目标

自闭症儿童感觉统合训练的主要目标是改善儿童各感觉领域失调,发展感觉与动作的统整能力,促进感知运动系统发展。间接目标是通过参与各项训练,提高儿童对周围事物的关注度,改善其身体概念和空间概念,促进其认知和社会交往能力的发展。训练初期以离散目标为主,随着儿童逐渐适应训练各环节,可以根据儿童情绪状况和运动水平制定连续目标,以增强训练强度,提高训练成效。

(2)训练内容

感觉统合训练强调各感觉系统间的整合,但可分领域进行,并依据各领域感知觉系统失调的严重性及其对日常生活的影响程度而有所侧重。随着训练的深入,需要设计难度较大的综合训练项目,提高感觉间的统整能力。实践中可采用"主料+辅料"的形式,保证每次主要训练内容不变并根据具体训练情境添加选择性训练内容。训练的阶段不同,"主料"和"辅料"的种类和比例也随之变化。感觉统合训练的主要内容有前庭功能训练、触觉功能训练、本体感觉功能训练和综合训练。视觉功能训练和听觉功能训练未单列,整合于其他各训练领域中。

第一,前庭功能训练。前庭系统不是外显的感知觉系统且自闭症者难以表达其前庭失调的感受,也难以通过其外显的行为推断。但前庭功能失调是自闭症儿童普遍存在的感知觉异常领域,且前庭系统主导个体的平衡能力和空间方位感,参与视觉、迷走神经、注意力等调控,对脑功能整体发展有重要影响。因此前庭功能训练是感觉统合训练的核心,在各种训练活动中占最大比例,多数感觉统合训练设备的主要功能就是开展前庭功能训练。训练是使躯体运动产生加速度，可采用旋转、滚动、荡摆、起落与震动、骤起急停等方式。实践中，可观察儿童对旋转（如自转、吊台旋转、旋转椅旋转）的钟爱程度来判断其前庭功能。稍微旋转几下就拒绝或出现眩晕、肠胃不适等症状表示前庭过于敏感；长时间旋转都不会出现不适现象表示前庭反应迟钝。对于前庭功能敏感者应先进行刺激强度较小的荡摆和震动，并在其中适时加入小量的旋转，以增强刺激强度。对于前庭功能敏感者则应进行长时间持续快速的旋转和荡摆，滑梯、羊角球、平衡台等设备开展的项目强度过低，难以取得较好的训练成效。

第二，触觉功能训练。个体生活各个方面都存在触觉刺激，但对于触觉功能异常者，日常的触觉刺激难以满足触觉功能发展需求。感觉统合训练中需要根据触觉刺激发生的生理基础和自闭症儿童触觉功能异常具体情况开展专项训练和伴随性训练。触觉适应快，所以刺激物不能一直静止接触同一处的皮肤，而应采用戳揉和震动等活动的方式刺激皮肤，并根据体肤敏感性实时调整触觉刺激，在训练中渗透必要的认知教育。对于触觉反应敏感者可采用伴随性训练，从刺激敏感性较低的背部、腿部开始。对于触觉反应迟钝者则应进行较长时间的专项训练，最好采用按摩器进行长时间按摩，但按摩球的刺激强度过低。

第三，本体感觉功能训练。本体感觉训练对发展儿童的运动企划、提高动作的精细程度及不同肢体间的协调性有直接作用,它与前庭觉、视觉等感觉系统调控躯体平衡。本体感觉功能训练是通过肢体运动来实现的。对于轻度失调者,增加日常的室内外活动即可,但对于本体感觉功能发育迟缓者,则要加强有意识的动作训练。本体感觉训练需要自闭症儿童完成主动性的动作,一般而言,闭目训练比睁眼训练强度大。

第四,综合训练。感觉统合训练的终极目标是提高自闭症儿童的脑功能,分领域的训练只能集中解决某一感觉系统的问题,而难以提高多感觉系统间的统合能力。分领域训练是基础和准备,综合训练才是感觉统合训练的最终归宿。当然综合训练不仅综合各感知觉系统,还可以加入语言、认知和社会规则等各领域的训练内容。综合训练时训练人员要有"统合"意识,在对儿童全面了解基础上,适时开展继时性综合和同时性综合训练。

(3) 训练效果

感觉统合训练用于自闭症儿童早期干预的广泛性可谓是遍布国内所有的自闭症训练机构。国内大部分研究结果显示感觉统合训练总体上可以改善自闭症儿童的感知觉、运动、语言、行为和社会交往等方面能力,但效果存在个体差异性,有些个体训练效果显著,有些则无效。例如,韦斌垣等对93名4.16 ± 1.63岁自闭症儿童进行每周5次,每次90分钟,共6个月的感觉统合训练,结果得出46

例无效,47例有效[①]。鉴于篇幅限制或其他原因,几乎所有的研究报告都只讲述评估工具和统计方法,仅采用几十个字解释感觉统合训练方法的基本内容和主要设备,而未详述感觉统合训练具体的组织实施,如训练人员的素质、训练的个体差异体现、训练的基本方法和主要项目等。

案例1-4

刻板的感觉统合训练

5岁的晓晨从3岁起就一直在××儿童训练中心接受感觉统合训练,每周3次,每次1小时。接受训练前,中心的感觉统合训练负责人A用《儿童感觉统合能力检核表》评估晓晨的感觉统合能力,并制订了感觉统合训练计划,设计了包括骑脚踏车往返5次、走平衡木往返5次、滑梯10次、平地俯卧滑板转10圈、坐独脚凳10分钟、跳蹦蹦床20个的项目的训练项目表。训练老师B按照训练项目表的项目依顺序对晓晨进行感觉统合训练,每完成一个项目就在表格相应处打钩。如果晓晨状态好,在规定时间内提前完成训练,B会增加单个项目的训练量。

[①] 韦斌垣,韦永英,黄飞.影响儿童孤独症感觉统合训练疗效的因素分析[J].中国当代儿科杂志,2009,11(2):124-126.

随着晓晨能力的提升,完成这些项目的速度提高,A在晓晨4岁时增加了爬阳光隧道往返10次,5岁时又增加平衡台上传接球15次。晓晨个训课时总是不停地晃动椅子,平时很喜欢自己转圈,转三四百次都不会有眩晕反应。因此训练中心的感统训练的强度远无法满足晓晨的前庭功能发展需求,连续三年的感觉统合训练项目调整很少,每次训练过于程式化,不仅助长了晓晨的刻板行为,而且强度低难以实现感觉统合训练效果,所以晓晨每次个训课都需要通过摇椅子来寻求前庭刺激。

十五 如何根据干预需求调整居家环境？

儿童的感知运动异常状况影响着其日常的吃、穿、住、行各个方面。家长一旦了解到儿童感知运动异常的具体情况和发生原因，就应该时时站在儿童的角度去分析居家环境的各种因素，并作出适当的调整。采取措施的主要步骤如下。第一，仔细观察儿童在日常生活中问题的具体表现，了解问题发生的具体表现、持续时长。第二，罗列出问题发生的感知运动异常原因，确定大致的异常领域和严重程度。第三，因为感知运动异常一旦发生，其影响的范围很广，所以根据罗列出的原因再次观察和分析问题行为，比对在多种情况下问题行为发生的共性和特异性，以更加准确地确定问题行为发生的原因。第四，采取针对性措施。一方面通过干预训练改善儿童的感知运动能力，另一方面依据具体的原因调整居家环境，做好防范或减轻问题行为发生的强度。生活中，家长需慢慢摸索生活与训练的关系，根据当下的情况，把握刺激物出现的时机、时长及儿童异常反应的安抚。这个度的把握要经过长时间的探索和尝试，不是一成不变，也不是每个儿童都一样的。

(1) 饮食问题

自闭症儿童的饮食问题主要与其味觉、嗅觉、饱腹感、对饮食环境的特殊要求、口腔触觉敏感性、咀嚼和吞咽能力有关,主要的饮食异常的表现有五种。一是挑食,即偏爱某类食品(如肉类、碳酸饮料)或某种食品形式(如流质类或坚硬类)。二是少食,主要原因是儿童由于口腔感知觉异常或运动能力弱而对所有的食物有抵触,或是饱腹感异常,稍吃一点就觉得已经饱了。三是贪食,即吃的东西远超过需求,主要原因是儿童不能及时准确地感觉出自己已经吃饱了。四是异食,除了口腔感知觉异常外,还可能与其体内缺乏某种物质有关。五是需要在固定的时间和地点饮食,这是儿童因听觉、视觉等敏感性异常而对环境中不确定因素的恐惧。总体而言,居家生活中家长一方面可以让儿童逐渐尝试不同的食物,纠正饮食习惯,改善儿童的味觉和口腔触觉。值得注意的是,此项调整越早进行效果越好,因为不管是口腔本身还是相关的神经系统都有其关键期。另一方面,通过专门的感知运动能力训练以集中性地改善其生理基础。

(2) 穿戴问题

自闭症儿童的穿戴问题主要与其触觉、听觉、视觉和运动能力异常相关。如触觉异常问题会引起儿童对某些材质衣物的偏爱或拒绝。听觉异常则会因衣物材质或衣物上可发声的装饰物而使儿童特别偏爱或者拒绝。视觉异常则会因衣物的颜色或亮度而引发儿童穿戴问题。若运动能力异常,原因可能是衣服过紧束缚儿童运动。家长只要关注以上几种情况,就容易根据观察分析出引发穿戴问题的主要原因,并依据发生原因采取措施。

(3) 睡眠问题

自闭症儿童的睡眠问题既有普通人的睡眠障碍问题,也有因感知运动异常引起的入睡难、睡眠浅、睡眠时间短或醒的次数多等问题。感知觉异常可能会让儿童难以关闭感知觉通道,特别是视觉和听觉,而进入睡眠状态,因此家长需要关注睡眠时家里和社区环境,可以使用隔音性能好的玻璃、让儿童听喜欢的催眠音乐或者使用遮光度好的窗帘等。此外,儿童因精细动作能力较差、肌张力高而难以轻松闭眼,以致入睡困难。此类情况可以通过平时多按摩眼眶周围肌肉以改善,并多加锻炼轻松闭眼能力。

(4) 其他问题

如果儿童有感知运动异常,还可能会引起日常活动和外出活动的各种异常问题。家庭环境中可能时时充斥着儿童难以忍受的常规性和突发性的感知觉刺激物,如对于嗅觉异常的儿童而言,家具、洗涤剂、纸张等发出的气味都是那么难以接受;对于听觉异常的儿童而言,冲马桶、洗刷衣物、血管里血液流动、物体突然掉落的声音都会非常刺耳。外出时环境中常规性的刺激物强度常常会更大,而且还有很多不可预知的突发性刺激,如喇叭声、刹车声等。但家长绝不能因此完全撤除家庭环境中引起儿童异常行为的刺激物,更不能剥夺儿童外出的机会。因为刺激物每出现一次,就会产生一次神经冲动,是脑发育的一次宝贵机会。只有让儿童多接触这些刺激物,才可能让儿童感知运动得到锻炼,快速地适应环境。

第二部分

看看你的孩子的发展水平

如何发展自闭谱系障碍儿童的感知和运动能力

婴幼儿期,感觉加工和动作输出是了解生长发育中神经系统统合性的最佳窗口,是感知运动快速发展的时期。婴幼儿的感知运动水平呈现月甚至是周的质的变化。具体了解普通儿童感知运动技能发展的主要阶段,可以为自闭症儿童感知运动发展提供参照并为早期干预内容的选择奠定基础。但值得注意的是,因环境和障碍程度的影响,自闭症儿童感知运动发展并不一定完全按照普通儿童发展的先后顺序,可能会出现发展速度和领域不统一,出现整体迟缓式、跳跃式和孤岛式发展态势。例如,一名4岁自闭症儿童可能视觉处于2岁水平而听觉处于1岁水平。因此,普通儿童感知运动技能的发展只能作为评估和训练内容选择的参考,而不能在早期干预中将自闭症儿童与普通儿童的发展一一对应。

一 0—1个月孩子感知运动的发展

新生儿从母亲温暖、安全的宫殿中初来人世,并不是毫无准备,而是带着几项具有保护和生存功能的原始反射以及已初步发展的感觉运动系统,以适应这个丰富多彩的世界。

新生儿以先天的条件反射为主适应和探索世界,其前庭系统是最成熟的。前庭系统的信息输入主宰着婴儿的觉醒水平和情绪,并参与反射运动。新生儿对甜味的偏好为其顺利而愉快地摄取乳汁做好充分的准备,并防止误食其他物质。嗅觉系统作为维系其与照料者之间紧密联系的主要方式。新生儿视觉功能不足,视觉结构和视神经尚未成熟;双眼协调困难,有时可见暂时性斜视或轻度眼球震颤;视觉焦点很难随客体远近的变化而变化;视力只有成人的1/30,20厘米左右看得最清楚;视野只有45°。听觉方面,新生儿耳内充满羊水,听觉较弱,40～70分贝声音能引起其心率变化;婴幼儿会被巨大声音所惊吓而把头从声源方向转开,但婴幼儿听到柔和的声音时头会转向声源;最喜欢听母亲的声音,哭闹时听到妈妈的声音会安静下来,并且听到妈妈的声音时吸吮的速度比听到其他女性的声音吸吮速度快;喜欢听心跳的节律性声音;听到音乐声会停止哭泣。触觉参与先天性无条件反射,如吸吮反射、防御反射、抓握反射、觅食反射;对手心和脚心的触摸很敏感,触摸手时会引起抓握反射。痛觉反应不灵敏,家长应谨防并及时发现新生儿的身体受伤。对冷很敏感;喜欢母乳的温度,牛奶温度太高或太低会有不愉快反应。

表 2-1　0—1 个月孩子感知运动能力发展表

领域	一般孩子会……	推荐活动/游戏
感知能力	● 对光和声音有反应 ● 偏爱甜味,对较强的酸味、苦味有排斥反应 ● 在安静和清醒状态下可短暂注视物体 ● 喜欢被触摸 ● 喜欢被抱起来轻轻摇动 **要注意咯!** ● 对光和声音没有适当的反应	让宝宝看黑白色对比度大的图片 建议用母乳喂养 1. 注视探照灯 2. 摸摸小宝贝 3. 摇啊摇
运动能力	● 俯卧位时勉强抬头 ● 仰卧、俯卧时左右转动头部 ● 仰卧时挥动手臂	4. 小蝌蚪找妈妈
感知-运动能力	● 2 周开始有头眼协调,头可跟随移动物在水平方向转动 90 度视线 ● 2 周可以把头缓慢转向声音发出的方向 ● 触摸宝宝的手时会引起抓握反射而握拳 ● 对乳香味敏感,当乳母解开衣服时,会积极寻找乳头	5. 木鱼咚咚咚 6. 随味寻奶

第二部分 看看你的孩子的发展水平

 2—3个月孩子感知运动的发展

在生命最初三个月,孩子除了睡觉和填饱肚子外似乎很少用运动系统去探索。他们只会抬头、翻身和简单的手部活动,但是他们的感觉系统却是发展迅速,特别是原先落后的视觉和听觉得到了迅猛的发展,他们已经能够长时间注视并追视物体,并基本能辨别威胁性声音,对重复出现的感觉刺激产生习惯化。

表 2-2 2—3个月孩子感知运动能力发展表

领域	一般孩子会……	推荐活动/游戏
感知能力	● 能看见8毫米大小的物体 ● 视野180° ● 注视物体时间可达5分钟以上 ● 目光可以追随物体做圆周运动 ● 辨别不同人的说话声及一个人不同情感的语调 ● 对具威胁性的声音有反应 ● 产生与成人接触的需要,喜欢洗澡和被抱起来 ● 喜欢被抱起来较快速地晃动	7. 追踪小手 8. 我爱洗澡 9. 空中飞翔

如何 发展自闭谱系障碍儿童的感知和运动能力

续表

领域	一般孩子会……	推荐活动/游戏
运动能力	● 头抬高到 90° ● 头自如转动 ● 由侧卧翻身至仰卧 ● 俯卧下臂短时间支撑 ● 手掌大致张开,两手在中线相碰	10. 小小鼓手
感知运动能力	● 会转动头部去追视移动物体 ● 会转头看明亮的色彩或光线 ● 头会快速转向声源方向 ● 有明显寻找探索气味的能力,能转向气味的来源 ● 喜欢吃自己的手	11. 玩具追踪家 12. 铃儿响叮当 13. 小手真好吃

三、4—7个月孩子感知运动的发展

此阶段的孩子颜色视觉方面的基本生理功能已近乎成人,对不同颜色有不同反应(暖色更能引起婴幼儿兴奋,尤其喜欢红色),能看清不同距离的物体,偏爱咸味,食物种类增加,因此他们有意愿也有体力通过翻身、匍匐爬去探索周围环境,看不清时调整姿势以便追视物体,看清时又常常会敲打或放入口中借助听觉和触觉进一步分析。同时社会性的感知运动反应也开始出现,如喜欢在父母的扶持下坐在父母膝盖上玩游戏,听到自己的名字会转过头看或通过表情作应答反应等。

表 2-3 4—7 个月孩子感知运动能力发展表

领域	一般孩子会……	推荐活动/游戏
感知能力	● 眼睛能随缓慢移动的物体移动 180° ● 注视远距离物体 ● 有色彩感觉,对颜色有分化反应 ● 辨认熟悉的声音并有激动的反应 ● 挠痒痒会使婴儿做出微笑反应 ● 味觉对食物的微小改变很敏感 ● 能区分愉快和不愉快的气味 **要注意咯!** ● 如果眼位不正需要就医	14. 看看彩虹 15. 气味小侦探 16. 摸摸小脸

续表

领域	一般孩子会……	推荐活动/游戏
运动能力	● 俯卧单肘撑、双臂撑 ● 由仰卧翻身至侧卧、俯卧 ● 扶坐身体可竖直 ● 单手支撑坐立(6—7个月) ● 匍匐后退爬、前进爬(6—7个月) ● 敲打玩具 ● 用拇指以外的四指和手掌抓握物体 ● 用拇指、食指、中指和手掌抓握物体(6—7个月) ● 物体由一手转移至另一只手(6—7个月) **要注意咯！** ● 不会将物体由一手转移至另一只手 ● 不会匍匐爬	17. 调皮的小猫 18. 翻滚吧，宝贝！
感知运动能力	● 眼手协调动作开始出现，转动身体伸手去抓看到的东西 ● 调整姿势以便能看清想看的物体 ● 转动眼球去追视移动物体 ● 听到自己的名字会转过头看或通过表情做应答反应 ● 看见东西会伸手抓，并不太准确地放进嘴里 ● 摇晃、翻转身体及到处移动等前庭刺激能令他感到快乐 ● 自己抱住奶瓶，将奶嘴放入口中	19. 翩翩起舞 20. 口探新物 21. 拉手坐起

四　8—12 个月孩子感知运动的发展

孩子已经会独立坐、爬、扶物行走、手指动作更加精确,所以活动范围扩大、活动形式多样化,开始把多种感觉系统和运动系统信息整合,此阶段是婴儿视觉、听觉、触觉和运动最佳的统合时期,视触动联合作为客体探索的主要手段,视动统合的水平不断提升,具体表现为:模仿成人的简单动作和表情;视觉指引伸手和抓握;见到不熟悉的物体会放到嘴里;等。

表 2-4　8—12 个月孩子感知运动能力发展表

领域	一般孩子会……	推荐活动/游戏
感知能力	● 视力 0.1—0.2,能较长时间注视 3 米内的人物活动 ● 会随着大人的手或眼神注视某样东西 ● 会寻找眼前突然消失的物体 ● 开始有深度知觉,对悬崖的深度表现出害怕和恐惧 ● 听到其他婴儿的啼哭会感兴趣 **要注意咯!** ● 不能注视 ● 对其他婴儿啼哭不感兴趣	22. 眼随手动 23. 躲猫猫 24. 听听哭声

发展自闭谱系障碍儿童的感知和运动能力

续表

领域	一般孩子会……	推荐活动/游戏
运动能力	● 独立稳定坐 ● 会四点爬行 ● 扶持站立到独立稳定站立 ● 独立高跪 ● 自己敢扶物蹲下来,扶着家具等可侧行 ● 用食指碰物体 ● 拍手 ● 用拇指、食指、中指或食指、拇指一起抓物体 ● 会撕纸 要注意咯! ● 不会四点爬行	25. 翻山越岭 26. 小小搬运工 27. 神奇的魔毯 28. 蜗牛上台阶 29. 扶物行走 30. 稳如泰山 31. 宝宝爱撕纸
感知运动能力	● 能模仿成人简单的手势 ● 听到被叫名字可能会向你爬过来 ● 12个月时,听指令指出自己身体的相应部位 ● 手准确抚摸被刺激的地方 ● 见到不熟悉的物体要放进嘴里	32. 卧踢彩球 33. 虫虫飞 34. 弯腰捡物 35. 随乐拍手 36. 循声拿玩具

五　13—24个月孩子感知运动的发展

感知觉分化能力增强，幼儿对客观事物的属性认识不断提升，知觉发展迅速。此外，依赖于视觉和触觉分化、视触整合和本体感觉能力提升，幼儿的精细动作水平不断提升，探索客观事物的身体器官扩展为以口和手并重，并且开始用脚探索物体属性。

表2-5　13—24个月孩子感知运动能力发展表

领域	一般孩子会……	推荐活动/游戏
感知能力	● 配对与辨别简单的几何形状 ● 对看图片有兴趣 ● 大致区分不同的声音，如狗叫和喇叭声 ● 听懂简单的指令，如拿玩具 ● 通过手触摸或口腔感觉物体的冷热、软硬、干湿等	37. 闭眼找妈妈 38. 我来摸摸
运动能力	● 由蹲直接站起来 ● 独立行走几步到稳定行走 ● 独立跪行 ● 会跑 ● 扶着上下楼梯，两步一阶 ● 用食指和拇指的末端拿起物体 ● 握住蜡笔 ● 用勺会洒出来 ● 几页几页地翻书 **要注意咯！** ● 15个月不会走路	39. 跪行推球 40. 翻书

发展自闭谱系障碍儿童的感知和运动能力

续表

领域	一般孩子会……	推荐活动/游戏
感知运动能力	● 搭积木 ● 双手端碗 ● 模仿画直竖线、横线 ● 将小球放入瓶中 **要注意咯!** ● 13个月不会将物体放入孔中	41. 我的七彩瓶 42. 舀豆子 43. 垒高塔

六 25—36个月孩子感知运动的发展

随着感觉系统生理发展趋于成熟,知觉能力也开始发展,主要表现在视知觉方面的颜色、大小、上下方位的区分及听知觉和触觉辨认等方面。同样,该阶段儿童可自主、独立、稳定地完成诸如跑、跳、上下台阶这类基本粗大动作,形成了未来各种组合活动以及稳定转换的基础。这个阶段孩子开始用双手创造事物,如折纸、涂鸦、串珠。

表2-6 25—36个月孩子感知运动能力发展表

领域	一般孩子会……	推荐活动/游戏
感知能力	● 视力1.0,视觉系统生理发展基本达到成人水平 ● 注视小物体可维持50秒 ● 能认清红、黄、蓝等基本颜色,但是不能很好地区分色彩浓淡 ● 能区分相似形态的大小,如大皮球或小皮球,但不能判断不相似图形的大小,如正方形和三角形大小 ● 能辨别上下 ● 听懂不同的音调 ● 透过触摸,能描述物体形状 ● 区分尖锐、黏性等物体较复杂的属性	44. 形状宝宝回家 45. 听节奏敲鼓 46. 闻味猜水果 47. 探囊取水果 48. 荡秋千

续表

领域	一般孩子会……	推荐活动/游戏
运动能力	● 单脚站立 ● 单脚跳跃 ● 双脚跳 ● 稳定地跑 ● 独立一步一阶上下楼梯 ● 脱下鞋袜 ● 扔球、踢球 ● 一页一页地翻书	49. 快乐的小袋鼠 50. 金蛇狂舞 51. 脚斗士 52. 大象走 53. 一跃而下 54. 金鸡独立 55. 投球
感知运动能力	● 单手端碗 ● 串珠子 ● 折纸 ● 模仿画圆形	56. 水做的画 57. 插洞洞 58. 戳泡泡 59. 撕出来的"画" 60. 小脚拍小脚 61. 打电话 62. 躲避袭击 63. 折纸 64. 雪花飘飘

七　3—6岁孩子感知运动的发展

3岁开始，幼儿将感知动作内化为表象，建立符合系统，思维有了质的飞跃，感知觉进入知觉快速发展阶段，逐渐学习把感知觉信息与概念相结合，在颜色知觉、方位知觉、大小知觉、形状知觉和时间知觉等各方面发展迅速。随着儿童活动范围扩大，活动方式也越来越丰富，不同的动作间自如组合、转换，并尝试学习越来越多的新技能，如骑车、跳绳。精细动作方面，开始使用工具，如剪刀、筷子等。

表2-7　3—6岁孩子感知运动能力发展表

领域	一般孩子会……	推荐活动/游戏
感知能力	● 颜色知觉：能命名常见颜色，对红、白、黑正确命名率较高，然后是黄和绿，再次是蓝，最后是紫和橙 ● 方位知觉：先能辨别前后，然后能辨别左右 ● 大小知觉：能区分大小的三个等级，即最大、最小，且具备了"同样大"的概念；辨别图形的大小不受图形摆放的空间规律的影响 ● 形状知觉：已具有辨认基本的平面几何图形的能力，辨认形状的正确率从高到低分别是圆形、正方形、三角形、长方形和梯形 ● 透过手触摸物体，可说出所摸之物	65. 听快慢指令敲鼓 66. 红灯停绿灯行 67. 探囊取形状 68. 转椅旋转

发展自闭谱系障碍儿童的感知和运动能力

续表

领域	一般孩子会……	推荐活动/游戏
运动能力	● 原地单脚跳 ● 单脚跳向前 ● 双脚交替跳绳 ● 骑小三轮车 ● 使用筷子 ● 打开盒子	69. 手推车 70. 摸着石头过河 71. 拧瓶盖 72. 拔萝卜 73. 跳大绳 74. 花样跑
感知运动能力	● 模仿画"＋"、"X"、"□"、"△"形 ● 写一些字 ● 绑鞋带 ● 使用剪刀剪直线 ● 走平衡木 ● 拍球	75. 解结 76. 剪直线 77. 粉刷匠 78. 蹦跳的小球 79. 灵巧的双脚 80. 套圈 81. 我帮爸爸换笔芯 82. 过独木桥 83. 大吊车 84. 陆地行船 85. 拍球前进 86. 连点成线 87. 接弹力球 88. 踏石过河

第三部分

让我们一起促进儿童感知和运动能力的发展!

如何发展自闭谱系障碍儿童的感知和运动能力

了解儿童的感知运动能力水平后,成人需根据儿童、家庭成员、家庭环境等设计相应的活动。活动的设计过程是成人"返老还童",站在儿童角度看问题、想问题,不断开动脑筋,积累经验的过程。当然,有些活动并无严格的年龄界限,只要儿童愿意玩、能玩,就可以开展,或者有些活动只要改变活动材料、参与人员这些最基本的要素就可以一直开展下去。感知运动能力活动随着儿童感知、运动能力发展呈现出一定的规律。在儿童运动能力发展初期,因活动受限,多通过感知活动引导动作发展。在儿童学会爬行、走路后,活动范围扩大,则多是通过多样的活动获得丰富的感觉体验和感觉刺激,促进感知能力发展。在儿童2岁之后,感知运动紧密结合,甚至无法严格区分开,活动更加多样。

1. 注视探照灯(视觉注视)

我们为什么这样做?

促进儿童视觉注视能力发展。

儿童需要准备的

对光有反应,视线随光源移动。

成人需要准备的

手电筒;不同颜色的布,如红色、蓝色、绿色。

开始玩吧!

- 用一块布蒙住手电筒的灯泡处,打开手电筒。
- 手电放置于距儿童眼睛 20～30 厘米处,在儿童视野范围内。
- 待儿童注视光源后缓慢移动手电,每次 1～2 分钟,期间可更换不同颜色的布以丰富光线的颜色。

我们还可以这样玩!

- 改变光源与背景的亮度对比。
- 丰富光源类型,选用烛光、手机屏幕光、电脑屏幕光等。
- 两个成人合作完成,其中一人持光源,另一人帮助儿童移动头部。

🔔 特别要注意的事情

- 夜晚时,把电灯关了后,效果更佳。
- 成人需始终关注儿童表情和视线追随状况,及时判定儿童异常情绪反应和视线保持状况,以便及时作出调整。
- 不可用手电直接照射儿童,且布条不宜太薄,以免光线太强。
- 注视时间不宜太长,以免引起视觉疲劳。
- 光源移动速度不宜太快,以免儿童视线跟不上光源移动。

掌握了吗?

- 在视野范围内注视光源。

2. 摸摸小宝贝（触觉刺激）

我们为什么这样做？

增加触觉刺激，促进触觉功能发展；增进亲子亲密度。

儿童需要准备的

无。

成人需要准备的

不同材质的刺激物，如丝绸、海绵、羽毛、刷子等。

开始玩吧！

- 儿童仰卧或被抱于怀中。
- 出示将要触摸儿童的刺激物，并说出刺激物名称，如"羽毛"。
- 轻轻刺激儿童身体部位，一边说："羽毛碰碰小手/小脚。"
- 暂停刺激，让儿童看刚触摸过的刺激物，并说出刺激物名称，如"羽毛"。
- 如此反复操作3~5次后，使用另一个刺激物触摸儿童。让儿童感受不同刺激物产生不同触觉。

我们还可以这样玩！

- 使用同种材质但湿度或温度不同的物品触摸儿童，让儿童感受。

🔔 特别要注意的事情

- 触摸前,成人先用物品触摸自己,感受刺激程度并有助于初步判断儿童对刺激物反应是否恰当。
- 单次触摸,只使用一个刺激物,让儿童逐渐形成与刺激物相对应的触觉感知。多次训练,使儿童形成预期的触觉感知。
- 根据儿童触觉敏感性情况决定刺激物的类型和触摸部位顺序。针对触觉敏感的儿童,先根据经验采用儿童较适应的刺激物触摸不敏感的部位,如背部,待儿童适应后使用其他刺激物或改变刺激部位。针对触觉反应迟钝的儿童,需采用刺激强度大的刺激物多触摸敏感部位,如手心、脚心、脸部等。

掌握了吗?

- 如果儿童依据刺激物的强度产生合适的反应,既不会过度敏感也不会过度迟钝,那么儿童触觉敏感性得到一定改善。

3. 摇啊摇(前庭刺激)

我们为什么这样做?

增加前庭刺激。

如何 发展自闭谱系障碍儿童的感知和运动能力

> **儿童需要准备的**
>
> 安静地感受。
>
> **成人需要准备的**
>
> 摇摇床。

开始玩吧!

- 儿童仰卧或侧卧在摇摇床上。
- 成人摇动摇摇床,同时说"摇啊摇"或哼唱儿歌。

我们还可以这样玩!

- 播放舒缓的音乐或儿歌,随着音乐的节奏摇动摇摇床。
- 抱着儿童使其身体向各个方向摇动。
- 把儿童放在床单或浴巾里,两个成人抓紧床单或浴巾的四角,使儿童身体向各个方向摇动。

🔔 **特别要注意的事情**

- 摇动时,始终注意观察儿童表情和情绪反应,如哭闹、惊厥、大笑等,判断儿童适应情况,及时作出调整。
- 周围环境平坦无异物,以防绊倒成人或磕碰到儿童。
- 根据儿童前庭敏感程度决定摇动的幅度、速度和持续时间。针对前庭反应敏感者,单次摇动时间短,并主要以轻轻小幅度摇动为主,间歇性加入较大幅度的摇动。针对前庭反应迟钝者,可以增加单次摇动时间,加大摇动幅度,加快摇动速度。

- 使用床单、浴巾或抱着儿童摇时,一定要紧握,成人一旦疲劳应立即休息,谨防手脱离使儿童滑落。

掌握了吗?

- 如果儿童可以做到不抗拒摇晃,那么他的前庭敏感性得到一定改善。

4. 小蝌蚪找妈妈(头部左右运动)

我们为什么这样做?

仰卧、俯卧位转动头部;认识并分辨妈妈的声音,分辨声音的来源方向。

儿童需要准备的

仰卧、俯卧转头、抬头。

成人需要准备的

动物叫声或其他声音。

开始玩吧!

- 儿童仰卧于床上,妈妈蹲下在其一侧叫儿童名字、唱歌或者发出其他声音。
- 儿童听到声音后转动头部,寻找妈妈的声音。

- 妈妈换到另外一侧,继续重复。
- 儿童俯卧于床上,妈妈站起发声。
- 儿童听到声音后,抬头寻找妈妈的声音。

我们还可以这样玩!

- 也可选择其他成人的声音、动物叫声等。
- 还可将儿童竖抱于怀中。

🔔 **特别要注意的事情**

- 如果儿童反应较慢或者一时无法转动头部,妈妈可出现在儿童视线范围,稍等待片刻,让儿童尽力自己转动头部。
- 如果儿童不具备自主转动头部的能力,成人可手交叠放在儿童头后部,轻轻地慢慢地辅助儿童转动头部。
- 俯卧位做此活动时,因儿童头部力量不足,上肢无法支撑身体离开床面,所以时间不宜长,最好有一名成人随时观察儿童表情。

掌握了吗?

- 仰卧时头部转动灵活、快速,无异常姿势。
- 俯卧转动时头部可稍微抬起,转动中无间断。

5. 木鱼咚咚咚(听觉刺激)

我们为什么这样做?

促进听觉能力发展;锻炼头部活动灵活性。

> **儿童需要准备的**
>
> 对声音有反应;把头转向声音发出的方向。
>
> **成人需要准备的**
>
> 木鱼,敲木鱼的小锤子。

开始玩吧!

- 出示木鱼和小锤子,放在儿童视野范围内,让儿童看到。如果儿童不看,可以一边用语言提示——"看,木鱼",一边帮助其移动头部看到木鱼。
- 敲一下木鱼后停顿,观察儿童表情以确定儿童是否注意到声音。
- 再次敲击木鱼,让儿童确定声音是从木鱼发出的。
- 改变木鱼位置,在儿童身体周围敲击木鱼,让儿童头转向声音发出的方向。

我们还可以这样玩!

- 用小锤子刺激儿童手心,让儿童握着小锤子,成人辅助儿童敲击木鱼。
- 在敲击木鱼过程中,夹杂敲击别的物体,如桌子或其他玩具,让儿童感受敲击出的不同声音。

🔔 **特别要注意的事情**

- 不让儿童独自拿着小锤子,以免碰伤。

- 周围环境较安静,以免分散儿童注意力或难以听清木鱼敲击的声音。
- 根据儿童听觉敏感性决定敲击的音量和频率。针对听觉反应敏感的儿童,以轻敲为主,间歇性中等力度敲击木鱼;针对听觉反应迟钝的儿童,以重敲为主,中间夹杂轻敲木鱼。

掌握了吗?

- 如果儿童不抗拒敲击木鱼的声音,并能把头迅速转向声音发出的方向,那么儿童听觉敏感性得到一定改善。

6. 随味寻奶(嗅觉刺激、定位)

我们为什么这样做?

  锻炼在视觉屏蔽下通过嗅觉寻找目标物的能力;明暗适应以促进视觉功能发展;头部运动灵活性。

> **儿童需要准备的**
>
> 头部能随刺激物左右转动。
>
> **成人需要准备的**
>
> 眼罩;带有不同浓度奶味的两条小毛巾。

第三部分 | 让我们一起促进儿童感知和运动能力的发展！

开始玩吧！

- 让儿童戴上眼罩，阻断其视觉的帮助。
- 把奶味浓度淡的小毛巾靠近儿童鼻子，待儿童闻到小毛巾后缓慢移动毛巾使儿童头部随之转动。
- 以防儿童嗅觉适应和不愿意长时间戴眼罩，因此把儿童的眼罩取下，让他呼吸新鲜空气，与他玩几分钟"摸摸小宝贝"。
- 再次让儿童戴上眼罩，让他随奶味浓的小毛巾移动而转动头部。
- 对比儿童闻这两种浓度奶味时的表现以分析儿童的嗅觉敏感性，并决定下次训练时毛巾的奶味浓度。

我们还可以这样玩！

- 使用其他的视觉屏蔽方式，如成人用手轻轻捂住儿童双眼。
- 日常生活中吃奶时，偶尔捂住儿童双眼阻断视觉的帮助找奶。

特别要注意的事情

- 眼罩不能太紧，以免压迫儿童眼球影响其视觉发育。
- 每次戴眼罩的时间不能太长，以免儿童害怕或反抗。
- 毛巾的奶味不要太淡，以免儿童嗅觉不能觉察。
- 对于嗅觉敏感的儿童，毛巾的奶味不要太浓，以免引起异常的情绪反应；对于嗅觉迟钝的儿童，先让其闻奶味浓的毛巾。

如何 发展自闭谱系障碍儿童的感知和运动能力

掌握了吗?

- 如果儿童头部能迅速跟随毛巾的移动而转动,那么儿童嗅觉功能和头部灵活性发展较好。

7. 追踪小手(视觉注视、追视)

我们为什么这样做?

促进视觉注视和追视能力;提高对自己肢体的关注度。

儿童需要准备的

能注视和追视身边物体。

成人需要准备的

儿童感兴趣的贴纸。

开始玩吧!

- 儿童仰卧或靠坐于垫子上。
- 在儿童手上贴上其感兴趣的贴纸。
- 抬起儿童的手,引导儿童看自己的手,同时说:"看看小手。"
- 儿童注视手后,慢慢移动儿童的手,让儿童追视手上的贴纸。

我们还可以这样玩!

- 在儿童的手上画儿童感兴趣的图形,让儿童注视和追视手上的图形。

- 帮助儿童手持并移动感兴趣的物品,引导儿童注视和追视物品。
- 不用其他刺激物辅助,让儿童注视和追视自己的手。

🔔 特别要注意的事情

- 始终关注儿童的眼神和面部表情,以判断儿童的视线是否关注目标物。
- 训练初期应使用儿童最感兴趣的物品,以提高儿童对手的关注度,增加单次注视和追视时长。待儿童掌握较好后,可换成其他的物品或不用辅助物。
- 训练初期移动儿童手的速度要慢,以免儿童的视线难以及时调整。待儿童追视能力提高后,逐渐加快手的移动速度,提高训练成效。

掌握了吗?

- 儿童视线能始终跟随手的移动。

8. 我爱洗澡(触觉刺激)

我们为什么这样做?

锻炼触觉功能;促进亲子关系。

如何 发展自闭谱系障碍儿童的感知和运动能力

> **儿童需要准备的**
>
> 无。
>
> **成人需要准备的**
>
> 浴盆；合适温度的水；粗糙程度不同的洗浴用品。

开始玩吧！

- 儿童坐于有合适温度的水的浴盆中。
- 成人出示将使用的洗浴用品，并说出用品名称，如"浴球"。
- 用洗浴用品搓洗儿童身体不同部位，如后背，并说："搓搓后背。"
- 换一种洗浴用品，先出示给儿童看，再说出用品名称，如"海绵"。
- 搓洗儿童身体不同部位的同时告知儿童搓洗的部位，如"搓搓小手"。

我们还可以这样玩！

- 用同一种洗浴用品或徒手采用不同方式接触儿童身体，如揉、搓、敲、按等。
- 让儿童感受不同温度的水。
- 在日常生活中用各种材质物品刺激儿童身体，而非只是在洗澡过程中。

第三部分 | 让我们一起促进儿童感知和运动能力的发展!

🔔 **特别要注意的事情**

- 水的温度不宜过高或过低,以免烫到儿童或让儿童受凉。
- 使用粗糙的洗浴用品时,搓洗力度不要过大,以免划伤儿童稚嫩的皮肤。
- 时刻观察儿童的表情和反应,以便及时调整刺激方式和部位。
- 依据儿童的触觉敏感性调整搓洗的力度、刺激物和刺激方式。

掌握了吗?

- 如果儿童依据刺激物的强度产生合适的反应,既不会过度敏感也不会过度迟钝,那么儿童触觉敏感性得到一定改善。

9. 空中飞翔(前庭刺激)

我们为什么这样做?

增加前庭刺激;锻炼颈部肌力。

儿童需要准备的

无。

成人需要准备的

无。

如何 发展自闭谱系障碍儿童的感知和运动能力

开始玩吧!

- 成人双手抱着儿童的腋下,先慢慢举起儿童,让儿童向各个方向"飞",同时说"向上飞"、"向前飞"等。
- 如果成人有十足的把握,可以把儿童抛向空中后,再接住。
- 成人一手放于儿童背后,另一手从儿童裆下穿过,抱紧儿童后,让儿童向各个方向摆荡。

我们还可以这样玩!

- 可随音乐节奏让儿童"飞翔"。
- 如果有十足的把握,可以把儿童从一个成人抛向另一个成人。

🔔 **特别要注意的事情**

- 依据儿童的前庭觉敏感性决定动作幅度和速度。针对前庭反应敏感的儿童,先让儿童身体缓慢地小幅度摆荡,再适时地间歇性加入短时间大幅度摆荡;针对前庭反应迟钝的儿童,需要长时间持续的大幅度快速摆荡,以增强前庭刺激,加大训练强度。
- 环境周围空旷,无障碍物,以免绊倒成人或磕碰到儿童。
- 该活动危险性较高,成人一定要双手紧抱儿童,稍有疲劳应立即停止活动。

掌握了吗?

- 活动中,儿童不会产生恐惧反应,如哭闹或惊吓。

10. 小小鼓手（手在中线相碰）

我们为什么这样做？

两手在中线相碰；提高儿童双侧上肢协调性和节律性。

> **儿童需要准备的**
>
> 双侧上肢挥动，可在中线相碰。
>
> **成人需要准备的**
>
> 小鼓 1 个。

开始玩吧！

- 儿童仰卧，一成人将小鼓竖放于儿童胸前。
- 另一成人示范敲击后，抓住儿童双手同时敲击鼓的两侧。
- 儿童模仿双手同时敲击的动作。

我们还可以这样玩！

- 让儿童尝试一只手扶着小鼓，另一只手敲击小鼓。
- 儿童可以单手或双手抓住小鼓上下、左右摇动。
- 成人握儿童双手与其同时按一定节奏敲击小鼓。
- 可不断调整鼓的高度，从而调整敲击的难度。

如何 发展自闭谱系障碍儿童的感知和运动能力

🔔 **特别要注意的事情**

- 儿童最好处于半仰卧状态,成人可将儿童头部垫高,便于儿童看到小鼓和自己的动作。
- 防止儿童挥动小鼓时打到其面部。
- 若儿童无法完成,可先让其练习双手向中线移动和相碰。

掌握了吗?

- 儿童双手可同时敲击到鼓面。

11. 玩具追踪家(视觉追踪)

我们为什么这样做?

视觉追踪;注意力;感知玩具;头部和/或眼球运动能力。

儿童需要准备的

双眼注视能力;头部和/或眼球能主动运动。

成人需要准备的

儿童感兴趣的各种玩具,如小球、贴纸、模型等。

开始玩吧!

- 成人手持玩具出现在儿童视线范围内。
- 儿童开始注视玩具后,成人移动玩具,使儿童视线追踪玩具。

- 如果儿童没有追踪，成人应立即停止移动玩具，用语言提示或用手辅助，直到儿童视线再次集中于玩具后继续练习。

我们还可以这样玩！

- 日常生活中，指导儿童注视周围环境中移动的人和物，如奔跑的儿童、滚动的球、跑动的车辆、游动的小鱼等。

🔔 **特别要注意的事情**

- 需时时关注儿童视线追踪情况，以做出适当的调整。
- 语言提示需简洁、响亮，如"看！球！"。
- 移动玩具时，速度快慢和幅度大小可不断调整、交替变化，但速度不要太快，幅度也不要太大，以免超出儿童能力范围。开始时移动玩具的速度要慢、幅度要小，儿童适应后可逐渐加快速度或加大幅度。

掌握了吗？

- 儿童在各种情况下视线保持追踪移动的玩具。

12. 铃儿响叮当（听觉刺激）

我们为什么这样做？

锻炼听觉能力；促进儿童关注周围事物的声音。

如何 发展自闭谱系障碍儿童的感知和运动能力

> **儿童需要准备的**
>
> 会摇动手脚。
>
> **成人需要准备的**
>
> 大小合适的铃铛数个。

开始玩吧!

- 把铃铛系在儿童手上或脚上。
- 成人一边摇动儿童的手脚,一边说:"摇摇手/脚,铃儿响叮当。"
- 成人指导儿童自主摇动手脚使铃铛发出声音。

我们还可以这样玩!

- 跟着音乐节奏摇动铃铛。
- 儿童利用听觉记忆,依据成人示范的节奏摇动铃铛,如"当——当——当——当——"。
- 儿童模仿成人摇铃动作摇动铃铛,如手摇一次+脚摇一次,手向上摇一次+手向下摇一次等。

🔔 **特别要注意的事情**

- 铃铛表面光滑,以免划伤儿童。
- 依据儿童的听觉灵敏度调整铃铛声音。对于听觉反应迟钝的儿童,铃铛的声音应尽量大;对于听觉反应过敏的儿童,铃铛的声音不宜过响,以免引起儿童异常情绪反应。
- 儿童睡觉时解下铃铛,以免影响儿童睡眠或儿童醒后听到声音受到惊吓。

掌握了吗?

- 不会逃避并注意倾听铃铛的声音。

13. 小手真好吃(本体感觉、触觉)

我们为什么这样做?

锻炼本体感觉;改善口和手的触觉敏感性;提高手的灵活性;统合手对口和口对手的感觉。

儿童需要准备的

能把手放入口内。

成人需要准备的

把儿童的手洗干净。

开始玩吧!

- 鼓励儿童把洗净的手放入口内。如果儿童很难放入口内,成人可给予一定的辅助。
- 儿童将手放入口内吮吸一会儿后,成人故意把他的手移开。

让儿童尝试再次放入口内,以增加锻炼其本体感觉和手的灵活性的机会。

- 儿童对此活动暂时失去兴趣而不吮吸后,帮助儿童把手洗干净。

我们还可以这样玩!

- 可在儿童的手上涂上不同味道,如酸、甜、苦、微辣等。当儿童放入口内的同时,成人语言告知,如"酸酸的"。

🔔 特别要注意的事情

- 尽量用清水洗净手即可,不用消毒过严,以适当增强儿童的抵抗力。
- 手上涂的味道不要太浓,以免儿童过分依赖或因刺激过强而不敢再次尝试。

掌握了吗?

- 如果儿童能迅速把手放入口内吮吸,那么儿童手的动作定位和灵活性已经较好。

14. 看看彩虹(视觉注视、追视)

我们为什么这样做?

锻炼视觉注视和追踪能力;增强头部灵活性。

| 第三部分 | 让我们一起促进儿童感知和运动能力的发展!

儿童需要准备的

头部能随彩色刺激的移动而转动。

成人需要准备的

在厚纸板上把各种颜色纸条粘成彩虹或画有彩虹的白纸。

开始玩吧!

- 儿童采用舒适体位,如仰卧或坐位。
- 成人出示彩虹吸引儿童注意力,并说:"××,看!彩虹!"
- 待儿童视线集中于彩虹后,成人移动彩虹的位置,并适时增减摇晃速度。

我们还可以这样玩!

- 选择其他彩色的物品,如彩色的玩具或图书。
- 成人多引导他观看环境中的彩色物品。

🔔 **特别要注意的事情**

- 需时时关注儿童视线追踪情况,以做出适当的调整。
- 语言提示中可加入儿童的姓名,如"欣欣,看!彩虹!"
- 移动彩虹时,速度快慢和幅度大小可不断调整、交替变化,但速度不要太快。

掌握了吗?

- 儿童在各种情况下视线保持追踪彩虹。

15. 气味小侦探（嗅觉刺激）

我们为什么这样做？

锻炼嗅觉和头部灵活性。

> **儿童需要准备的**
>
> 头部能随嗅觉刺激移动而转动。
>
> **成人需要准备的**
>
> 有气味的调味品、食物或花。

开始玩吧！

- 儿童采用舒适体位，如仰卧或坐位。
- 成人先自己闻一闻物品，以初步判断靠近鼻子的适当距离。
- 成人把物品放置在适当距离让儿童闻，如说"香蕉味"，并观察儿童表情。
- 儿童嗅觉注意后，慢慢移动刺激物，观察儿童表情和动作。
- 记录儿童对嗅觉刺激物的异常反应，如闻到刺激性适中的气味时表现出哭闹等异常情绪反应或对某种气味的异常偏爱。

我们还可以这样玩！

- 引导并帮助儿童自己用手拿着刺激物闻。

🔔 特别要注意的事情

- 根据儿童的嗅觉情况选择合适的嗅觉刺激物。针对嗅觉较敏感的儿童,应选择气味淡的物体或把刺激物放在距离鼻子较远的距离。针对嗅觉反应迟钝的儿童,应选择气味浓的物体并把刺激物靠近鼻子。
- 每种刺激物单次刺激的时间不要长于1分钟,以免儿童的嗅觉对气味产生适应而降低训练成效。
- 让儿童闻鲜花前要了解儿童是否会花粉过敏,且训练中花也不能太靠近儿童口鼻,以免儿童吸入花粉产生异常反应。

掌握了吗?

- 如果儿童能迅速把头转向嗅觉刺激物,并不会有异常的嗅觉反应,那么儿童的嗅觉功能发展较正常。

16. 摸摸小脸(触觉刺激)

我们为什么这样做?

加强亲子关系密切性;感受不同材质的物体触摸脸部,促进儿童触觉发育;渗透身体部位的认知。

如何 发展自闭谱系障碍儿童的感知和运动能力

儿童需要准备的

无。

成人需要准备的

手套一只。

开始玩吧!

- 成人一只手戴上手套。
- 用戴上手套的手,一边触摸儿童的脸部,一边说"摸摸鼻子、摸摸脸蛋、摸摸耳朵"。
- 用没有戴手套的手,一边触摸儿童脸部,一边说"摸摸鼻子"。
- 两只手同时触摸儿童脸部,并说"摸摸鼻子"。

我们还可以这样玩!

- 采用不同的捏、揉、拉等不同触摸方式。
- 成人触摸特定部位后,也协助或指导儿童自己触摸同一部位。

🔔 **特别要注意的事情**

- 触摸时,成人应面带笑容,不断地对儿童说出被触摸的部位。
- 根据儿童的触觉敏感性决定手套的粗糙程度、触摸的力度和部位顺序。对于触觉反应迟钝的儿童,应选择粗糙材质的手套,用较大力度触摸;对于触觉反应敏感的儿童,应选择细柔材质的手套,力度适中地触摸,且先触摸敏感度较低的部位,如耳朵。

掌握了吗?

- 儿童不会拒绝被触摸或拒绝常人难以忍受的较大强度的触摸。

17. 调皮的小猫(俯卧单肘撑)

我们为什么这样做?

俯卧单肘撑;提高手眼协调能力。

儿童需要准备的

儿童可以单肘撑。

成人需要准备的

儿童喜爱的各种玩具、食物等。

开始玩吧!

- 儿童俯卧,双肘支撑。
- 将玩具放于儿童左手的前侧方,让其注意玩具并吸引儿童去触摸玩具。

如何 发展自闭谱系障碍儿童的感知和运动能力

- 成人水平移动玩具或将玩具举高,引导儿童伸左手或者抬高左手臂去够,形成左肘支撑姿势。
- 采用同样方式引导儿童右肘支撑。

我们还可以这样玩!

- 儿童一手抓玩具后,成人将玩具提起,使儿童形成单肘支撑。
- 成人不予引导,将小球、小车或者其他可以滚动的玩具放于儿童一侧,促使儿童主动伸手拉动或者滚动玩具。
- 两童比赛。两儿童相向俯卧,成人将玩具放于两童间后移动玩具,两童同时伸手去抢。

🔔 **特别要注意的事情**

- 检查玩具是否有尖锐或者锋利的部位,防止儿童手抓时受伤。
- 玩具不可放于儿童面部周围,以防儿童戳伤。
- 玩具移动速度和频率不可过快、过高,且移动过程中应稍有停留以吸引儿童。
- 儿童抓住玩具后应让儿童玩一会,作为自然奖励。不可一直移动玩具,以免儿童失去信心和兴趣。
- 依据儿童单肘支撑能力情况及时调整活动持续时长。

掌握了吗?

- 儿童伸手抓玩具时身体稳定。

- 伸手抓玩具动作流畅,而非断断续续、抓一抓歇一歇。

18. 翻滚吧,宝贝! (翻滚)

我们为什么这样做?

翻滚;提高协调能力。

儿童需要准备的

翻身。

成人需要准备的

一条床单。

开始玩吧!

- 将床单放平,两个成人每人拉起床单的相邻的两个角。
- 儿童俯卧于床单一侧后,儿童开始翻身的同时由该侧的成人缓慢提起床单,帮助儿童完成翻身动作直至儿童翻全床单的另一侧。
- 另一侧的成人以同样方式帮助儿童翻身。

我们还可以这样玩!

- 儿童开始翻身后,成人加快床单提起的速度,儿童快速顺势向另一侧翻滚。

- 助推翻身。儿童仰卧或俯卧,开始翻身后成人助推,加快翻身速度。
- 如只有一名成人,可先用床单把儿童卷起后,成人拉动床单一侧使儿童慢慢从床单中翻滚而出。
- 两童相向翻滚。两童同时从床单两侧翻身,成人从两侧拉动床单。

🔔 特别要注意的事情

- 儿童可能滚落处需有软垫保护,如床单两头。
- 床单长度适宜,应可满足儿童连续翻身5个左右为宜。
- 未做过此活动的成人和儿童,需先缓慢练习几次后才可逐渐加快速度。
- 拉动床单前儿童俯卧或仰卧时要先做好翻身的准备姿势,即双手伸直放置于头顶或者放于胸前。

掌握了吗?

- 翻滚动作流畅、协调,未出现翻翻停停。

19. 翩翩起舞(本体感觉、手脚动作协调性)

我们为什么这样做?

　　锻炼本体感觉和手脚的灵活性;促进听觉能力发展和手脚动作协调性。

| 第三部分 | 让我们一起促进儿童感知和运动能力的发展！

> **儿童需要准备的**
>
> 手脚自由活动。
>
> **成人需要准备的**
>
> 舒缓的音乐。

开始玩吧！

- 在儿童清醒时，播放乐曲，吸引儿童听觉注意。
- 成人轻轻地哼唱歌曲，引导儿童注意音乐节奏。
- 在儿童视野范围内，举起双手，随节奏摆动。
- 帮助儿童随着音乐节奏摆动手或脚。
- 让儿童尝试跟随音乐摆动手或脚。

我们还可以这样玩！

- 成人自主哼唱儿童熟悉的歌曲，儿童随节奏摆动手或脚。

🔔 特别要注意的事情

- 播放音乐时间不要太长，一般 10 分钟即可，以免儿童疲劳。
- 根据儿童听觉偏好和反应灵敏性选择不同类型的音乐，并决定播放的音量和持续时长。对于听觉反应过敏者，音乐声音先小一点，待儿童适应后，再间歇性地调大音量，引导儿童尽量忍受较大音量一会儿，再把声音调小；对于听觉反应迟钝者，音乐声音要大，再间歇性地把音量稍调小，引导儿童认知听。

- 每次可先播放一首与上次相同的音乐,再播放一首不同的音乐,即可让儿童有熟悉感,尽快适应,也不会产生刻板兴趣。

掌握了吗?

- 能忍受或听到正常音量的音乐。
- 能随着音乐节奏摆动手或脚。

20. 口探新物(视触动结合)

我们为什么这样做?

锻炼手的灵活性和定位能力;提升口和手的触觉功能;促进大脑的跨通道统合。

儿童需要准备的

能抓握物品入口。

成人需要准备的

供儿童选择的三个洗净的不同质地不同形状的物品。

开始玩吧!

- 出示物品,并吸引儿童注意力。
- 指导儿童拿起物品用口感受。

- 当儿童不再喜欢这三种物品时,换掉其中两个,留下一个熟悉的物品作为与新物品的对比。

我们还可以这样玩!

- 在日常生活中锻炼儿童自己用手拿吃的。

🔔 特别要注意的事情

- 成人一定要在旁边密切关注儿童,以免儿童误食不可食用的物品。
- 不可食用的物品体积要大,以免儿童误食。
- 物品尽量洗干净,但不必消毒过严,以增加儿童抵抗力。

掌握了吗?

- 儿童能灵活把物品放入口中探索,且不再喜欢用口探索物品。

21. 拉手坐起(前庭刺激、手部力量)

我们为什么这样做?

锻炼手指抓握力、臂力和腰部力量;增强手的触觉;刺激前庭觉功能。

儿童需要准备的

原始的抓握反射。

成人需要准备的

软垫或大枕头1个。

如何 发展自闭谱系障碍儿童的感知和运动能力

开始玩吧！

- 儿童仰卧于床上，头枕于软垫或大枕头上，成人坐在儿童脚朝向的位置与儿童面对面，用左右手食指同时刺激儿童两手心。
- 儿童抓握成人的手指。
- 成人慢慢拉着儿童，同时说"坐起来"，待儿童躯干与床面呈45°左右时，成人开始通过调节左右手的高度使儿童身体倾斜。
- 拉起儿童至坐位维持数秒。
- 慢慢拉着儿童向后躺，同时说"躺下"，待儿童躯干与床面呈30°左右时，成人可突然松手让儿童倒至软垫上，以增强前庭觉刺激强度，促进脑部血液循环。

我们还可以这样玩！

- 可采用两个成人合作的方式，一人拉起儿童，一人用玩具逗引儿童。

特别要注意的事情

- 床上无任何坚硬物体，如积木、书本、插柱等。
- 活动时，成人要始终关注儿童表情，及时判定儿童异常情绪反应以便及时作出调整。
- 每次活动持续几分钟即可，动作幅度不宜太大，速度不要太快,以免引起儿童手部肌肉损伤。

- 根据儿童的前庭敏感性和手部力量决定拉起和倒下的速度和幅度。针对前庭反应敏感的儿童,失衡的幅度小、速度慢,倒下时儿童离床面距离要近,以免让儿童受惊吓;针对前庭反应迟钝的儿童,可直接从坐位快速向后倒,以增强前庭刺激强度。

掌握了吗?

- 儿童拉成人的手至坐位。
- 快速倒下时不会引起惊吓。

22. 眼随手动（视觉追视）

我们为什么这样做?

锻炼视觉追踪和手眼协调能力。

> **儿童需要准备的**
> 具备视觉追踪和手独立移动的能力。
>
> **成人需要准备的**
> 各种贴纸。

开始玩吧!

- 成人出示贴纸,辅助儿童或让儿童独立把贴纸贴在自己和成人手上。

- 成人示范动作,看着手上的贴纸,且视线随着手上的贴纸移动而移动。
- 成人指导儿童模仿成人的动作。
- 儿童独立完成,视线随着手上的贴纸移动而移动。

我们还可以这样玩!

- 让儿童手持铃铛,视线随着铃铛移动而移动。

🔔 特别要注意的事情

- 开始时,贴纸大一点,儿童视觉追踪熟练后,可选择更小的贴纸。
- 活动中,成人要始终关注儿童表情,确保儿童视线始终集中于贴纸。

掌握了吗?

- 儿童自如移动手且视线始终集中于贴纸上。

23. 躲猫猫(视觉寻找)

我们为什么这样做?

提高视觉寻找物体的速度和敏锐性;关注周围人和物。

儿童需要准备的

会寻找眼前突然消失的物体。

成人需要准备的

无。

开始玩吧！

- 吸引儿童视觉注意，让儿童注视成人的脸。
- 成人突然用物体把脸遮住或躲到旁边。
- 引导儿童寻找成人。
- 儿童找到后，成人用非常开心的情绪状态回应儿童，以提高儿童参与积极性。

我们还可以这样玩！

- 让儿童注意喜爱的玩具后，玩具突然消失，引导儿童寻找玩具。

特别要注意的事情

- 选取的目标物是儿童感兴趣的人或物。
- 开始实施此活动时，儿童可能不能很快了解成人的用意而难以快速找到消失物。需要成人等待一会，再通过呼唤儿童名字或帮助儿童寻找到目标物。待儿童熟悉活动后，成人逐渐减少支持，直到儿童可迅速找到消失的物体再换一种刺激物。

掌握了吗?

- 儿童能够迅速通过视线找到消失的物体。

24. 听听哭声(听觉辨别)

我们为什么这样做?

促进听觉的敏感性;创设关注其他儿童声音的机会。

> **儿童需要准备的**
>
> 对哭声有反应。
>
> **成人需要准备的**
>
> 儿童自己哭声和其他儿童哭声的录音。

开始玩吧!

- 在儿童处于清醒状态时,播放他自己的哭声的录音。待儿童注意听哭声后,成人对着儿童说:"宝宝哭了,宝宝哭了。"
- 播放其他儿童哭声的录音,儿童注意听哭声后,成人对着儿童说:"××,哭了。"
- 交叉播放儿童自己的哭声和其他儿童哭声,促进儿童形成听觉感知和对比。

我们还可以这样玩!

- 与同伴玩或看视频时出现其他儿童哭的状况,适时引导儿童注意倾听。
- 听儿童自己或其他儿童发音或笑声的录音。
- 改变声音方位,让儿童听声音的同时,寻找声源。

🔔 特别要注意的事情
- 儿童倾听声音时,成人需时时关注儿童的表情,以分析儿童是否在听、是否有反应。
- 等待儿童关注声音后有一会儿时,成人才加入语言指导,以防影响儿童感知声音。

掌握了吗?
- 儿童对哭声感兴趣。

25. 翻山越岭(四点爬行)

我们为什么这样做?

四点爬行:可以提高协调能力,促进脑发育。

儿童需要准备的

儿童可以四点爬行。

成人需要准备的

枕头、被褥、毛绒玩具、书、纸盒等障碍;儿童喜爱的玩具、零食作为强化物。

如何 发展自闭谱系障碍儿童的感知和运动能力

开始玩吧!

- 将各类障碍物在同一条直线上随意间隔摆放,或软或硬,或高或矮。
- 一成人将儿童抱放在起点,另一成人站于终点,手拿儿童喜爱的玩具或食物,引导儿童去拿此物。
- 儿童从起点开始爬行,通过障碍物到达终点,获得物品。

我们还可以这样玩!

- 成人在儿童前方,利用强化物引导儿童做出前进、左转、右转、转圈等爬行动作。
- 将纸箱挖洞或搭建类似门洞的障碍,让儿童从洞中穿过,练习儿童四点爬行的同时也能提高儿童的本体感觉。
- 多名儿童比赛或与成人比赛,先到达终点可拿到物品。

🔔 特别要注意的事情

- 选择高度最好不超过儿童四点爬行姿势高度一臂长的障碍物;障碍物表面以及内部无可能对儿童造成伤害的物品,如别针、钉子等。
- 未做过越障爬行的儿童,可在活动开始前单独练习有难度的障碍数次。
- 儿童越过障碍的方式还可为匍匐爬行、跪行、大象爬。
- 根据儿童能力、完成情况随时调整障碍物的数量和高低。

掌握了吗?

- 儿童可以流畅、快速越过障碍,未摔倒。

26. 小小搬运工（四点爬行）

我们为什么这样做?

四点爬行;协调性。

儿童需要准备的

儿童可以四点爬行。

成人需要准备的

两个小盆、卡片、玩具、小球等。

开始玩吧!

- 成人分别选择两个点放置小盆,作为活动的起点和终点。
- 成人告知儿童活动规则,即儿童背着装满物品的小盆四点爬行,到达终点后将小盆中的物品倒入位于终点的小盆,再将空的小盆运回起点。
- 儿童在起点将想要运送的物品装入小盆后,以四点爬行姿势等待,成人将小盆放于儿童背部,儿童驮着小盆到达终点后将物品放入终点小盆中。
- 终点的成人将空的小盆放于儿童背部,儿童驮着空的小盆回

如何 发展自闭谱系障碍儿童的感知和运动能力

到起点。

我们还可以这样玩！

- 多童比赛、接力等。

- 将小盆换成毛绒玩具等，只运送玩具到达终点即可，降低难度。

- 设置障碍。在运送途中，成人设置或高或低、或宽或窄的多种类型的障碍，让儿童钻、绕、跨等。

- 闭眼听指令运送。儿童闭眼，听成人的指令运送。指令简单如向前、向后、左转、停止、低头等。复杂如先向前爬3步再向左爬2步等。

🔔 **特别要注意的事情**

- 活动场所内无尖锐物品或小体积物品，防止爬行中儿童受伤或捡到后吞食。

- 成人的提醒次数不可过高，需儿童自己去感受背部小盆是否稳定，并随时作出调整。如果儿童尝试多次小盆仍倾倒，成人可以用手间歇性扶住小盆，待儿童掌握使小盆保持稳定后，成人撤除支持。

掌握了吗？

- 能及时调整将要掉落的物品，将其重新放置好，小盆和盆中物品未掉落。

- 爬行动作协调。

27. 神奇的魔毯（稳定坐）

我们为什么这样做？

坐的稳定性。

> **儿童需要准备的**
>
> 会坐，失衡时可手撑进行保护。
>
> **成人需要准备的**
>
> 一条床单。

开始玩吧！

- 儿童双手支撑坐于床单中央。
- 成人轻轻、慢慢拉动床单一头，让儿童随着床单移动。移动中，儿童双手用力支撑保持平衡。
- 成人加快拉动速度，儿童失去平衡，用手撑进行保护。
- 成人改变拉动速度和力度。

我们还可以这样玩！

- 成人根据音乐节奏向一侧拉动床单。
- 两成人在床单两侧，前后、左右轮流拉动床单。

如何 发展自闭谱系障碍儿童的感知和运动能力

🔔 **特别要注意的事情**

- 未做过该活动的儿童,需一成人近身保护。
- 活动场地周围应无尖锐或其他可能对儿童造成伤害的物品,如钥匙、剪刀等。
- 床单下最好是软垫子或者活动在床上进行,防止儿童摔伤。
- 成人拉动速度、力度不可过快、过大,需根据儿童反应能力和保护能力进行调整。

掌握了吗?

- 儿童未倒地。
- 儿童可以快速用手支撑。

28. 蜗牛上台阶(爬行、手脚协调)

我们为什么这样做?

手脚协调、上下台阶。

儿童需要准备的

爬行上下台阶。

成人需要准备的

无。

开始玩吧!

- 找一处较低且坡度较小的台阶。
- 儿童位于台阶最低层,手脚并爬到最高。
- 儿童位于台阶最高层,手脚并用倒退到最低层。

我们还可以这样玩!

- 多童比赛。
- 闭眼爬上台阶。
- 根据家长指令或者音乐节奏爬台阶。

🔔 **特别要注意的事情**

- 活动场地周围应无尖锐或其他可能对儿童造成伤害的物品,如钥匙、剪刀等。
- 未做过该活动的儿童,可在活动开始前由成人支持练习数次。
- 成人需近身保护,防止儿童摔伤或者从高处坠落。

掌握了吗?

- 动作协调,无爬爬停停,未摔倒。

29. 扶物行走(行走)

我们为什么这样做?

扶物行走、协调性。

如何 发展自闭谱系障碍儿童的感知和运动能力

> **儿童需要准备的**
>
> 扶物行走。
>
> **成人需要准备的**
>
> 低柜子(或低桌子)、绳子、儿童喜爱的玩具。

开始玩吧!

- 成人将儿童放于低柜子旁,儿童自己扶低柜子站立。
- 另一成人在柜子的另一头用玩具吸引儿童扶着柜子向前走动,接近玩具。
- 两成人左右手各拿一条绳子的一头,将绳子拉紧。儿童双手扶着绳子从一头走向另一头,接近玩具。

我们还可以这样玩!

- 两童比赛。两儿童同时相向出发,先到达终点拿到玩具为胜。
- 成人在行走途中设置小障碍,需要儿童跨越或踩着通过。
- 儿童一手扶着柜子,一手拉着成人从起点走到终点。
- 成人根据儿童的能力将绳子升高、降低、拉紧、放松。

🔔 **特别要注意的事情**

- 活动场地周围应无尖锐或其他可能对儿童造成伤害的物品,如钥匙、剪刀等。

- 未做过该活动的儿童,可在活动开始前练习数次。
- 活动前,成人要将柜子上的物品清理干净;柜子或者绳子的高度应约与儿童站立时胸部高度相平为宜;绳子细粗以儿童全掌可抓握为宜;绳子材质可粗糙也可光滑,为儿童提供多种触觉刺激。
- 成人需近身保护,但不可扶持和替代过多。

掌握了吗?

- 扶物行走动作协调,未出现走走停停或者时常摔倒。

30. 稳如泰山(稳定坐)

我们为什么这样做?

儿童坐的稳定性、视觉追踪能力。

儿童需要准备的

会坐。

成人需要准备的

儿童喜爱的玩具。

开始玩吧!

- 儿童独坐于床或地板上。

如何 发展自闭谱系障碍儿童的感知和运动能力

- 成人将玩具放于儿童前方,待儿童感兴趣后,慢慢前后、左右移动玩具。
- 玩具移动幅度加大,儿童在追踪玩具时身体稍微出现失衡后做出及时调整。

我们还可以这样玩!

- 儿童伸出手将玩具抓住后,成人移动玩具,带动儿童前后左右移动或者失衡。
- 在不同的方位摇铃铛或叫儿童的名字,儿童转头看。
- 儿童感兴趣或熟悉的成人左右移动,儿童追踪。

🔔 **特别要注意的事情**

- 活动场地内应无尖锐或其他可能对儿童造成伤害的物品,如钥匙、剪刀等。
- 活动开始时玩具移动速度、幅度要慢、要小,待儿童适应后可根据能力调整。
- 活动时间、次数适当,但具体次数无规定,只要儿童有兴趣则可持续进行。

掌握了吗?

- 儿童能根据引导完成追踪。
- 儿童坐得稳,可及时调整,未出现摔倒。

31. 宝宝爱撕纸（手指力量）

我们为什么这样做？

锻炼双手力量和灵活性。

> **儿童需要准备的**
>
> 能主动抓握物体。
>
> **成人需要准备的**
>
> 各种类型的纸，如面巾纸、广告纸或旧报纸。

开始玩吧！

- 成人示范撕纸动作。
- 引导儿童抓握纸的一端，成人抓住另一端，指导儿童用力拉，并说"撕"，直到纸撕破。重复多次。
- 儿童双手握着已经撕开口的纸，模仿成人撕纸动作。重复多次。
- 儿童双手握着没有撕开口的完整的纸，完成撕纸动作。

我们还可以这样玩！

- 两名儿童比赛撕或分别握着纸的一端共同撕一张纸。

如何 发展自闭谱系障碍儿童的感知和运动能力

🔔 **特别要注意的事情**

- 开始时,让儿童撕容易破的面巾纸,待儿童掌握撕的动作且手部肌力提高后,逐渐增加纸的厚度,换成广告纸或旧报纸等。
- 活动中,要把撕的动作与语言"撕"相结合。

掌握了吗?

- 儿童能独立撕破各种类型的纸。

32. 卧踢彩球（视动结合）

我们为什么这样做?

锻炼下肢本体感觉和动作灵活性。

儿童需要准备的

双脚会踢。

成人需要准备的

直径5~10厘米的彩色气球或按摩球若干个。

开始玩吧!

- 用结实的线把彩球悬挂在儿童脚上方。
- 儿童仰卧于枕头上,能看见彩球。

- 成人轻轻抬起儿童一只脚,帮助他踢到彩球,同时说"踢球"。
- 待彩球静止后,抬起儿童另一只脚,帮助他再踢球,同时说"踢球"。
- 成人一手指彩球,另一只手引导儿童双脚主动轮流踢球,同时说"踢球"。
- 儿童尝试双脚主动轮流踢球,成人记录1分钟内儿童成功踢到球的次数。

我们还可以这样玩!

- 选择能发出声音或彩色光的彩色球,以增加儿童踢球兴趣。
- 双脚同时踢一个球或分别踢一个球。
- 儿童踢成人手所指的球。
- 儿童看不到球悬挂的位置,通过本体感觉和空间记忆,踢悬挂着的球。

🔔 特别要注意的事情

- 根据儿童视觉反应灵敏度选择球的颜色。若儿童视觉反应过度敏感需选择颜色较淡的彩色球,如淡粉、淡蓝色,不要选择颜色过亮的球或颜色繁多的球,以免因球的颜色不适而影响儿童踢球的兴趣和准确性。
- 球悬挂的位置不要超过儿童双脚活动范围,不要过高,也不要过远。

- 根据儿童下肢活动能力及球晃动的幅度和速度决定对儿童的支持程度。

掌握了吗？

- 踢的动作流畅，不会出现踢踢停停的情况。
- 每次都能踢中球。

33. 虫虫飞（视动结合）

我们为什么这样做？

锻炼追视、语言、手的灵活性和手眼协调等能力。

> **儿童需要准备的**
> 会坐；会伸食指。
> **成人需要准备的**
> 无。

开始玩吧！

- 儿童坐位，成人A坐于儿童身后，成人B面对面坐在距离儿童约40厘米处。
- 成人B示范动作：先握拳伸出两手食指指尖相对，并说："虫虫，虫虫！"然后两手食指指尖分开，并说："飞！"

- 成人B对儿童说:"好,请你跟我这样做!"鼓励儿童模仿分动作。如果儿童难以准确模仿,成人A可给予辅助。
- 分动作重复数次后,把两个动作连起来,让儿童模仿。
- 待儿童掌握动作流程后,听到成人说"虫虫——飞"时就能独立完成。

我们还可以这样玩!

- 由一个成人示范并指导。
- 活动中播放轻柔的背景音乐。

🔔 特别要注意的事情

- 开始示范时动作慢一点,确保儿童的视线集中关注动作。
- 用愉快的情绪感染儿童,增强儿童参与此活动的积极性和兴趣性。
- 儿童身后的成人应与儿童保持10厘米左右距离,以免儿童靠在成人身上,增加其独立坐的时长。

掌握了吗?

儿童听到"虫虫——飞"时能依语言节奏准确完成动作。

34. 弯腰捡物(视动结合)

我们为什么这样做?

锻炼腰部力量和手眼协调能力。

如何 发展自闭谱系障碍儿童的感知和运动能力

儿童需要准备的

能抓握物体;在扶持下能弯下腰和站直。

成人需要准备的

彩色玩具。

开始玩吧!

- 儿童背靠着成人站立。

- 出示一个彩色玩具,待儿童注意力集中于彩色玩具后,把玩具放置在儿童前方30厘米范围内的地面上。

- 成人双手抱住儿童双膝,引导儿童弯腰捡地上的玩具,并说"弯腰"。

- 鼓励儿童站起来,如果儿童不能独立站起,成人可一手握住儿童双膝,另一只手拖着儿童胸部,辅助儿童站立,并说"站起来"。待儿童腰部力量增加后,逐渐减少支持,直到扶住儿童双膝后不用扶持腰部,儿童也能弯腰和直立。

我们还可以这样玩!

- 在地面上放置一盒玩具,让儿童把盒子里的玩具捡起来放置在高处的另一个盒子里。这个活动有一定的目的性,以免儿童单纯地弯腰捡物而失去兴趣。

特别要注意的事情

- 地面不要太滑且成人用力抱住儿童双膝,谨防儿童双脚滑落,身体前倾致使前额撞击地面。
- 适宜采用质地柔软的玩具,以免碰伤儿童。
- 每次玩具放置的地点要稍作变动,让儿童捡起不同方位物体,以预防儿童刻板行为,并提高儿童的手眼协调能力。
- 要把语言和动作相结合,以促进儿童将动作和语言相结合。

掌握了吗?

- 儿童在成人扶住双膝的情况下,不用扶持腰部而能准确地捡起地上的物体。

35. 随乐拍手(听动结合)

我们为什么这样做?

促进双手协调性和灵活性;锻炼儿童听指令能力。

儿童需要准备的

会模仿拍手。

成人需要准备的

《幸福拍手歌》音乐。

如何 发展自闭谱系障碍儿童的感知和运动能力

开始玩吧！

- 儿童坐靠于成人 A，成人 B 坐于儿童前面约 40 厘米处。
- 成人 B 示范拍手的动作，并说"拍拍小手"。
- 成人 A 手抓儿童的双手完成拍手动作，并说"拍拍小手"。
- 儿童尝试模仿成人 B 独立拍手，成人说"拍拍小手"。
- 播放《幸福拍手歌》，成人 B 示范，成人 A 手抓儿童双手随着音乐节奏拍手。
- 儿童尝试模仿成人 B，随着音乐节奏独立拍手。
- 儿童听指令"拍拍小手"独立拍手。

我们还可以这样玩！

- 在儿童手腕上套铃铛，让儿童随音乐拍手。
- 在日常生活中，儿童表现好或开心时，引导儿童拍拍小手。

🔔 特别要注意的事情

- 活动过程中，始终将动作和语言相结合，促进儿童理解"拍拍小手"的指令。

掌握了吗？

- 儿童模仿成人随着音乐节奏独立拍手。
- 儿童听"拍拍小手"指令后能够独立拍手。

36. 循声拿玩具（听动结合）

我们为什么这样做？

锻炼听觉的方位辨别能力和爬、走运动能力。

儿童需要准备的

通过听觉辨别方向并能独立移动，如爬或走。

成人需要准备的

会发声的玩具，如小鼓或铃铛。

开始玩吧！

- 成人在儿童身边晃动发声的玩具，让儿童伸手拿。
- 儿童拿到玩具后，成人指导儿童晃动玩具发出声音，玩一会儿。
- 成人把玩具从儿童手中拿走，爬或走到距离儿童1米处，晃动发声的玩具同时说"宝宝，过来拿"，引导儿童爬或走到成人身边拿玩具。
- 儿童拿到玩具后玩一会儿。
- 成人把玩具从儿童手中拿走后走到比前一次更远的地方，晃动发声的玩具同时说"宝宝，过来拿"，引导儿童循声拿玩具。

我们还可以这样玩！

- 儿童根据成人拍手的声音找到成人后可以得到拥抱。

如何 发展自闭谱系障碍儿童的感知和运动能力

- 如果周围较空旷且儿童熟悉周围环境,可让儿童戴着眼罩循着声音找玩具。

🔔 **特别要注意的事情**

- 周围无尖锐物品,以免儿童只关注声音而忽视障碍物,摔倒后被碰伤。
- 成人在晃动玩具的同时一定要加上语言和动作,提高儿童参与兴趣。

掌握了吗?

- 儿童迅速准确地爬或走到声源处。

37. 闭眼找妈妈(听觉定位)

我们为什么这样做?

锻炼听觉辨别能力和本体感觉能力。

儿童需要准备的

能听得出妈妈的声音。

成人需要准备的

眼罩。

开始玩吧！

- 告诉儿童规则,即蒙上眼睛找妈妈。
- 用眼罩把儿童的双眼蒙上。
- 妈妈在远处呼唤儿童:"宝宝,妈妈在这里。"
- 儿童根据声音的方位找到妈妈后,妈妈要用开心的情绪抱抱、亲亲儿童,增加儿童参与兴趣。

我们还可以这样玩！

- 妈妈可边走动边呼唤儿童,增加难度。
- 增加无关声音以干扰儿童的判断,如爸爸的声音、玩具发出的声音。

🔔 特别要注意的事情

- 周围无异物,以免儿童跌倒、碰伤。
- 开始时妈妈距离儿童近点,待儿童熟悉活动规则,可适当增加距离。

掌握了吗？

- 儿童能依据声音方位准确地找到妈妈。

38. 我来摸摸（触觉辨别）

我们为什么这样做？

感觉物体的冷热、软硬、干湿等属性,提高触觉的感受性和分辨性。

如何 发展自闭谱系障碍儿童的感知和运动能力

> **儿童需要准备的**
>
> 愿意触摸各种属性的物体;手能主动伸向目标物。
>
> **成人需要准备的**
>
> 不同温度的水、软糖、硬糖、干的布、湿布等。

开始玩吧!

- 拉着儿童的手让儿童依次触摸同类物质,如凉水、温水或软糖、硬糖。触摸时保持一会儿,成人告诉儿童所触摸的物体,如"凉水"。
- 儿童在成人的动作示范和语言指导下主动触摸物体,成人告诉儿童所触摸的物体。

我们还可以这样玩!

- 闭眼用手触摸物体。
- 用身体其他部位触摸物体。

特别要注意的事情

- 准备的物体要有安全保障,如温度不宜过高、表面不宜太尖锐。
- 让儿童手触摸前,成人一定要先触摸过,既可引起儿童兴趣,也可提前判断物体属性是否安全。
- 活动时,成人必须时时关注儿童表情,以了解物体是否会引起儿童异常反应或儿童是否能在感觉上区分不同属性物体。

掌握了吗？

- 儿童通过表情或动作来反应出触摸不同属性物体时的不同感觉。

39. 跪行推球（跪行）

我们为什么这样做？

跪行；协调性。

儿童需要准备的

跪行。

成人需要准备的

大球、斜坡、废弃报纸等。

开始玩吧！

- 成人将报纸竖着连起来后粘到地上，作为跑道，跑道上放置2～3个双面斜坡。
- 告知儿童规则，即从起点出发沿着跑道边跪行边推球，到达终点。
- 儿童从起点出发，沿着跑道跪行，如遇斜坡则需跪行推球通过，达到终点。

如何 发展自闭谱系障碍儿童的感知和运动能力

我们还可以这样玩！

- 推双球跪行。儿童一手一球，同时推球跪行。
- 两童比赛、多童接力或相向推球。
- 闭眼跪行推球。
- 听指令推球。
- 跪行向后退，同时双手搓球。

🔔 **特别要注意的事情**

- 选择儿童高跪姿时球高可到儿童胸部的球。
- 活动场地周围应无尖锐或其他可能对儿童造成伤害的物品，如钥匙、剪刀等。
- 未做过该活动的儿童，可在活动开始前练习数次。
- 斜坡斜度可根据儿童能力不断调整。活动初始时，斜度不可过高，以防儿童摔落。

掌握了吗？

- 跪行动作流畅，无走走停停。
- 球始终在手中，未被推出或滚走。

40. 翻书（手指精细动作）

我们为什么这样做？

手部精细动作、手眼协调。

儿童需要准备的

手部精细动作。

成人需要准备的

一本书。

开始玩吧!

- 儿童坐于地板上,成人把书放于儿童前方。
- 成人演示翻书动作,分为几页几页地翻和一页一页地翻书两种。
- 儿童根据示范翻书。

我们还可以这样玩!

- 成人拿相同的书将其翻到某一页,儿童将自己的书翻到同一页。
- 成人在书中间隔几页夹着儿童喜爱的玩具或食物,儿童翻书寻找。
- 成人根据儿童能力,选择书页厚薄不同、大小不同的书。

🔔 特别要注意的事情

- 活动场地内应无尖锐或其他可能对儿童造成伤害的物品,如钥匙、剪刀等。
- 成人购买印刷质量、纸质好的书。

- 成人需注意,如果是油印书,首次使用时可先用湿毛巾将书面全部擦一下后晾晒,以免新书页面的大量有害化学物质通过手、口等方式进入儿童体内。
- 活动中,成人需注意防止儿童吞咽纸。
- 活动结束后,儿童一定要洗手。
- 儿童刚开始学习翻书时可选择较厚的难以撕破的书,以免儿童手指动作控制能力差而把书撕毁。

掌握了吗?

- 儿童可以独立翻书。

41. 我的七彩瓶(手眼协调)

我们为什么这样做?

锻炼手部精细动作。

儿童需要准备的

抓握小球,将小球放入瓶中。

成人需要准备的

瓶口大小不一的瓶子,涂上不同颜色、大小不同的玻璃小球。

开始玩吧！

- 将每个瓶中装满水，一字排开。
- 儿童每次手抓一个小球后将其依次放入每个瓶中。小球进入瓶中，可以看到瓶中水变成不同的颜色，听到小球入水时"咕咚咕咚"的声音可增加活动的乐趣。
- 第一轮放完后，儿童按照成人要求将球放入指定的瓶中，增加放入的难度；也可要求儿童将球放入瓶口比球小的瓶中，让儿童自主观察并解决问题。

我们还可以这样玩！

- 两童比赛。两童有同样数量的小球，比谁先将小球放完。
- 儿童在成人慢慢移动瓶子的同时把小球放入瓶中。
- 儿童双手同时放球。
- 儿童听到某段特定的音乐或者指令后开始放球。

🔔 特别要注意的事情

- 防止儿童活动中吞食或者舔食小球。

掌握了吗？

- 抓握小球不会掉落。
- 根据球的大小选择可以放入的瓶子。
- 球准确放入瓶中。

42. 舀豆子（手眼协调）

我们为什么这样做？

手部精细动作、注意力、协调性。

> **儿童需要准备的**
>
> 使用勺子。
>
> **成人需要准备的**
>
> 勺子、两个小碗；硬币、玻璃珠、豆子或者儿童喜爱的食物等。

开始玩吧！

- 儿童手握勺子，从一个小碗中将豆子舀到空碗中。
- 拉远两个碗之间的距离，儿童需握勺行走到空碗处，倒入豆子。

我们还可以这样玩！

- 多童比赛、接力。
- 双手同时握勺，将东西舀起并倒入空碗中。
- 将空碗换成口较小的瓶子，增加活动难度。
- 成人要求儿童每次只舀一颗或者规定数量的豆子，帮助儿童形成数的概念。

- 儿童握着勺子过障碍,把东西倒入空碗中。

🔔 **特别要注意的事情**

- 活动中,成人需提醒儿童正确握勺。

掌握了吗？

- 正确握勺。
- 运送中,勺中的物体不掉出来。
- 能全部倒入空碗中。

43. 垒高塔（手眼协调）

我们为什么这样做？

抓握能力、精细动作。

儿童需要准备的

抓握积木。

成人需要准备的

若干积木。

开始玩吧！

- 成人将若干积木堆放在儿童面前。
- 儿童单手抓握积木,将积木一块一块地从下往上摞起来。叠放积木时另一只手不能扶住下面的积木。

我们还可以这样玩！

- 多童比赛，垒得最高的儿童为胜。
- 多童合作，每名儿童往上面放一块积木。
- 儿童参照成人所垒，按照其数量、形状、颜色垒出一模一样的高塔。

🔔 **特别要注意的事情**

- 未做过该活动的儿童，可在活动开始前练习数次。

掌握了吗？

- 抓握动作正确，积木不会掉落。
- 可以将积木垒高。

44. 形状宝宝回家（视知觉）

我们为什么这样做？

锻炼视觉辨别形状能力和手眼协调能力。

儿童需要准备的

能抓握、放置物体。

成人需要准备的

上有正方形、圆形、三角形、长方形、梯形等形状的拼板。

开始玩吧！

- 指导儿童把拼板上的形状取出放置一旁。
- 告知儿童规则，即"把形状宝宝送到它自己的家"。
- 成人示范放置一两个形状后，由儿童尝试把剩下的形状放置相应空格内，成人根据情况给以一定辅助。
- 儿童独立把形状取出后，再独立把形状放置相应空格内。

我们还可以这样玩！

- 成人与儿童或两名儿童轮流放置形状。
- 两名儿童比赛谁放得快。

🔔 特别要注意的事情

- 活动初期，成人给予儿童辅助稍多，随着儿童渐渐掌握，成人应减少辅助。
- 如果儿童难以一次性放置那么多个，就先让儿童放一种或两种形状。
- 虽然不要求儿童能命名形状，但成人还是要在活动中告诉儿童形状的名称。

掌握了吗？

儿童迅速准确地把形状放入拼板的相应空格内。

45. 听节奏敲鼓（听觉记忆）

我们为什么这样做？

锻炼听觉辨别和记忆能力。

儿童需要准备的

能独立敲鼓。

成人需要准备的

小鼓两面。

开始玩吧！

- 成人与儿童各手持一个小鼓。
- 告知儿童规则，即认真听成人敲鼓的节奏后，独立按节奏用手敲鼓。
- 成人在儿童视野范围外，边连续敲鼓3~5次边说明敲击节奏，如"咚—咚—咚—咚—咚"。
- 儿童根据听到的节奏独立敲鼓，也可边敲边说节奏。
- 儿童与成人一起判断儿童记忆的节奏是否对，并练习多次。
- 成人在儿童视野范围外，连续敲鼓3~5次而不说出节奏。
- 儿童根据听到的节奏独立敲鼓，并与成人一起判断节奏是否正确。

我们还可以这样玩!

- 用木槌敲鼓。
- 听节奏拍手。

🔔 特别要注意的事情

- 根据儿童的听觉记忆能力决定敲鼓节奏的拍数及节奏难度。
- 根据儿童的听觉反应敏感性决定敲鼓的力度,对于听觉反应敏感儿童,应轻敲使鼓声小一点;对于听觉反应迟钝儿童,敲鼓力度稍大使鼓声大一点。

掌握了吗?

- 儿童独立敲出要求的节奏。

46. 闻味猜水果(嗅知觉)

我们为什么这样做?

锻炼通过嗅觉辨别物体的能力。

儿童需要准备的

能通过视觉辨认水果且有嗅觉反应。

成人需要准备的

气味较浓的各种水果,如香蕉、芒果、橘子、橙子等。

发展自闭谱系障碍儿童的感知和运动能力

开始玩吧!

- 成人依次出示水果,让儿童看并说出水果的名称,判断儿童是否认识看到的水果。
- 儿童视觉屏蔽(闭眼、戴眼罩或用手遮挡视线)闻一闻水果后,说出水果的名称。

我们还可以这样玩!

- 把水果放在不透明的布袋中,让儿童闻闻气味后说出水果的名称。
- 日常生活中有意识锻炼儿童通过嗅觉猜猜物品,如酒、醋、辣椒、花等。

⌂ 特别要注意的事情

- 依儿童的嗅觉反应敏感性选择气味浓淡合适的物品。若儿童嗅觉反应过敏则选择气味较淡的物品;若反应迟钝则多选择气味较浓的物品,增加嗅觉刺激强度,促进嗅觉反应功能正常化。
- 每种气味闻几秒即可,不宜太久,以免产生嗅觉适应而难以正确感知气味引起错误判断。

掌握了吗?

- 儿童闻过水果后能及时准确地说出水果名称。

47. 探囊取水果（触知觉）

我们为什么这样做？

锻炼通过触觉辨别物体的能力。

儿童需要准备的

能通过视觉辨认水果且有触觉反应。

成人需要准备的

儿童认识的各种常见水果，如香蕉、芒果、橘子、橙子等。

开始玩吧！

- 成人依次出示水果，让儿童看并说出水果的名称，判断儿童是否认识看到的水果。
- 儿童依成人指令，如"香蕉"，从不透明的袋子中取出相应的水果。
- 儿童视觉屏蔽（闭眼、戴眼罩或用手遮挡视线）取出袋中的水果，同时说出水果的名称。

我们还可以这样玩！

- 儿童视觉屏蔽说出所摸水果的名称。
- 日常生活中有意识锻炼儿童通过触摸猜物品，如收到的礼物或喜欢的玩具。

🔔 特别要注意的事情

- 视觉屏蔽触摸前先让儿童看看并摸摸所有要触摸的物品，使儿童心理有所准备，并提前拿走儿童不愿意触摸的物品。
- 不要让儿童触摸过于尖锐或温度过高的物品，如针、菠萝、带锯齿状边缘的植物、热水，以免儿童手受伤。

掌握了吗？

- 儿童触摸水果后能及时准确地说出水果名称。

48. 荡秋千（前庭觉）

我们为什么这样做？

锻炼前庭觉，促进脑发育。

儿童需要准备的

能抓握秋千的绳子。

成人需要准备的

1个秋千。

开始玩吧！

- 儿童坐于秋千上，双手抓握秋千的绳子。

- 成人站于秋千侧边,推动秋千摆荡,并根据儿童的情绪状态控制秋千摆荡的幅度和速度。

我们还可以这样玩!

- 改变秋千摆荡的方向、速度和幅度。
- 边摆荡边唱儿歌或数数。

🔔 **特别要注意的事情**

- 摆荡前检查固定秋千的绳索,以免绳索脱落或断裂摔伤儿童。
- 周围空旷且无尖锐物,以免儿童摔倒碰伤。
- 根据儿童的前庭敏感度决定摆荡的幅度和速度。对于前庭反应敏感者,摆荡的幅度小、速度慢、持续时间短;对于前庭反应迟钝者,摆荡的幅度大、速度快、持续时间长。

掌握了吗?

- 此活动能促进儿童脑发育,可长期开展,没有通过的统一标准。

49. 快乐的小袋鼠(双脚跳)

我们为什么这样做?

练习双脚跳,提高儿童手脚、眼脚协调,促进前庭觉发育。

如何 发展自闭谱系障碍儿童的感知和运动能力

儿童需要准备的

儿童可以进行双脚跳。

成人需要准备的

带耳塑料袋、纸袋、布袋等；小球、卡片等障碍物。

开始玩吧！

- 按一定形状摆放障碍物形成跳跃路线，如"——"、"S"、"Z"、"U"形。
- 告知儿童规则，即站在袋中跳过障碍物，到达终点。
- 儿童站在袋中，听到出发指令后，从起点开始双手抓住袋耳，双脚同时向前跳跃过障碍。

我们还可以这样玩！

- 将障碍物换成指示文字或图片，如向前跳、向后跳、向后跳转等。
- 还可出示更复杂的指令，如向前跳2步、向后退1步等，以增加难度。
- 儿童跟随音乐节奏跳跃。
- 多名儿童比赛，如接力、相向跳跃等，共用一个袋子跳跃。

🔔 **特别要注意的事情**

- 活动场地周围应无尖锐或其他可能对儿童造成伤害的物品，

如钥匙、剪刀等。
- 选择软、大小适中的障碍物;选择袋耳拉直后与儿童胯部齐平的袋子。
- 未做过该活动的儿童,可在活动开始前练习数次。
- 跳跃时家长需跟随儿童,近身保护。
- 根据儿童能力、完成情况随时调整路线及障碍物。

掌握了吗?

- 双脚跳动作稳定且衔接流畅,不会出现跳跳停停的状况。
- 按照规定路线跳跃,未踩到障碍物。

50. 金蛇狂舞(上下肢关节活动)

我们为什么这样做?

提高上肢关节活动度和身体协调性。

儿童需要准备的

无。

成人需要准备的

4 条丝带。

开始玩吧!

- 分别在儿童和成人的左右腕关节绑上丝带。

发展自闭谱系障碍儿童的感知和运动能力

- 播放音乐,成人舞动丝带呈"S"、"Z"形或者波浪形。
- 儿童跟随音乐节奏,模仿成人舞动手上的丝带呈各种形状。

我们还可以这样玩!

- 多童比赛、合作。
- 成人出示各种形状的图片或者是笔画简单的汉字,要求儿童根据图片和汉字舞动丝带进行模仿。

🔔 **特别要注意的事情**

- 活动场地周围应无尖锐或其他可能对儿童造成伤害的物品,如钥匙、剪刀等。
- 丝带长度不应超过儿童手臂水平伸直后手臂到地面的垂直距离。不应过长,防止儿童踩到摔倒;不应过短,无法舞出形状。
- 若儿童确实无法完成舞动,可先让儿童模仿简单的关节活动,如伸直双臂。
- 关节活动度小或者存在关节疼痛的儿童,活动前需先进行准备活动;活动中,难度和强度应适度减少,并询问儿童是否有关节不适。

掌握了吗?

- 用丝带舞动出要求的形状。

51. 脚斗士（单脚跳）

我们为什么这样做？

锻炼单脚跳、手脚手眼协调能力。

儿童需要准备的

单脚跳。

成人需要准备的

粉笔，也可使用废旧报纸和胶带。

开始玩吧！

- 成人用粉笔画出或者将裁成条的报纸用胶带粘出一个可以容纳两个儿童的半径1米左右的圆圈。
- 两儿童相向站立，用手将一条腿抬起后单脚站立。两儿童单脚跳动互顶对方膝盖，直到有一方被顶出圆圈或者有一方脚落地。

我们还可以这样玩！

- 多童比赛。
- 将大圆换成两个小圆，两童各站一个圆，互顶直到一方被顶出他所在圆。如果儿童自己不小心跳出圆圈也算活动结束。
- 一童在圆外，一童在圆内。圆内儿童要在规定时间内阻止圆

如何发展自闭谱系障碍儿童的感知和运动能力

外儿童进入圆内,否则占领圆内的儿童为胜利。

🔔 **特别要注意的事情**

- 活动场地周围应无尖锐或其他可能对儿童造成伤害的物品,如钥匙、剪刀等。
- 未做过该活动的儿童,可在活动开始前练习数次。
- 告知儿童互顶时力度不可太大,防止摔伤或者撞伤。活动中,成人若发现儿童用力过大或者过猛,可暂停活动,立即通过示范等方法纠正。

掌握了吗?

- 儿童可自如跳跃,未出现跳跳停停。
- 儿童可用适宜的力量完成此活动。

52. 大象走(手脚协调)

我们为什么这样做?

锻炼儿童手脚协调能力,促进儿童脑发育。

儿童需要准备的

无。

成人需要准备的

横杆、呼啦圈、斜坡若干。

开始玩吧!

- 成人用横杆搭建高度略高于儿童腰部的横向障碍,将呼啦圈竖向固定于地板上,将斜坡间隔放置于横杆、呼啦圈障碍间。
- 儿童在起点做四点爬行姿势,将臀部抬高至双臂、双腿伸直,成大象走姿势。
- 儿童大象走从起点出发按照已定路线,穿过障碍和斜坡到达终点。

我们还可以这样玩!

- 多童比赛、接力。
- 儿童按照成人的指令穿越障碍,如绕过呼啦圈后连续穿越两个横杆。
- 成人编写一个故事,如"大象回家",要求儿童按照故事情节穿越障碍。

🔔 特别要注意的事情

- 活动场地周围应无尖锐或其他可能对儿童造成伤害的物品,如钥匙、剪刀等。
- 未做过该活动的儿童,可在活动开始前练习数次。
- 如果儿童有关节疼痛,尤其是腰腹部关节疼痛,该活动慎用。
- 每次活动时长不可过长,成人要随时关注儿童的脸色和情绪反应。

掌握了吗？

- 动作协调，无走走停停。
- 可顺利穿越障碍。

53. 一跃而下（跳跃）

我们为什么这样做？

锻炼儿童双脚跳，促进儿童前庭觉发育。

儿童需要准备的

会跳跃。

成人需要准备的

方凳。

开始玩吧！

- 成人将方凳放于开阔场地。
- 儿童自己爬到凳子上后向下跳下。

我们还可以这样玩！

- 多童比赛，跳得较远者为胜。
- 儿童向后转或者按照家长指令转身到指定的方位后跳下。
- 儿童向后跳下。

- 成人在凳子前放置卡片、跳圈或者是用笔画圈,儿童跳在卡片上或跳于圈内。

🔔 **特别要注意的事情**

- 活动场地周围应无尖锐或其他可能对儿童造成伤害的物品,如钥匙、剪刀等。
- 活动场地最好选择在开阔地,周围无有棱角的柜子、桌子等可能会撞伤儿童的物品。
- 未做过该活动的儿童,可在活动开始前练习数次。
- 活动中,成人需近身保护,防止儿童跳下时用力不当摔倒。

掌握了吗?

- 从凳子上跳下,落地平稳。

54. 金鸡独立(单脚站)

我们为什么这样做?

锻炼儿童单脚站,提高儿童前庭感觉、注意力。

儿童需要准备的

单脚站立。

成人需要准备的

废旧报纸或者套圈。

如何 发展自闭谱系障碍儿童的感知和运动能力

开始玩吧！
- 成人用废旧报纸围成大小可容儿童一只脚的圆圈，将报纸粘于地上。
- 要求儿童单脚站于圈内。

我们还可以这样玩！
- 多童比赛，坚持时间长的为胜。
- 多童合作，一字排开单脚站立后传递物品。
- 按照成人指令做出动作，如伸手、转头等。
- 转动支撑脚，转到成人要求的方向。

🔔 **特别要注意的事情**
- 活动场地周围应无尖锐或其他可能对儿童造成伤害的物品，如钥匙、剪刀等。
- 活动场地最好选择在开阔地，周围无有棱角的柜子、桌子等可能会撞伤儿童的物品。
- 未做过该活动的儿童，可在活动开始前练习数次。
- 若活动初期，儿童无法站稳，成人可用一只手指或一只手扶持，帮助儿童体验单脚站立并建立自信。待儿童可独立站稳后，再慢慢减少扶持。
- 活动中，成人需近身保护。

掌握了吗？
- 站立平稳，未出现摔倒。

55. 投球（手眼协调）

我们为什么这样做？

锻炼精细动作、手眼协调能力。

儿童需要准备的

会投球。

成人需要准备的

各种大小的球、大小不同的纸箱。

开始玩吧！

- 成人倾斜纸箱，并在一定距离外画出投球线。
- 儿童站于投掷线上，按照成人要求的动作投球。如举到头顶直接投掷、胸前直接投掷、掷地反弹投等。
- 成人不断调整投掷线距离纸箱的远近，纸箱的大小。

我们还可以这样玩！

- 多童比赛。
- 多童相互投掷。
- 成人慢慢移动纸箱，要求儿童在移动中试着将球投到箱中。

如何 发展自闭谱系障碍儿童的感知和运动能力

🔔 **特别要注意的事情**

- 投球动作及投中目标较难,成人需先示范正确动作,待儿童掌握后再开展此活动。

掌握了吗?

- 投球动作正确。
- 球可以投到纸箱中。

56. 水做的画(手眼协调)

我们为什么这样做?

锻炼精细动作、手部力量、手眼协调、注意力。

> **儿童需要准备的**
>
> 手抓握并挤压饮料瓶。
>
> **成人需要准备的**
>
> 装满水的矿泉水瓶2个、粉笔。

开始玩吧!

- 选择小区或公园的开阔地带,地面最好为水泥地面。成人将矿泉水瓶的瓶盖上用针均匀扎出若干小洞,以便水可以流出。

- 成人用粉笔在地面上画出各种不同的形状或者图案。
- 儿童单手或者双手抓握矿泉水瓶挤压瓶体将水挤出,用挤出的水为形状或图案涂色。

我们还可以这样玩!

- 多童比赛。
- 多童合作。
- 儿童直接用水挤出自己要画的图案、字母、汉字等。
- 成人在滑板车上放置小盆并向前拉动小车,儿童向移动的小车中挤水。
- 成人水平方向向前方拍打气球,儿童用水喷射移动的气球。如喷到即可听到水打到气球的声音。
- 儿童可在墙壁上用水作画。
- 矿泉水瓶也可换成水枪。

🔔 **特别要注意的事情**

- 矿泉水瓶的粗细为儿童单手或双手可抓握,软硬为儿童可挤压出水,需根据儿童握力大小选择。
- 未做过该活动的儿童,可在活动开始前练习数次。
- 活动中,提醒儿童注意来往路人,防止将水喷到他人身上。
- 活动中,成人注意防止儿童喝掉矿泉水瓶中的水。

掌握了吗?

- 可挤压矿泉水瓶出水。

- 可用水画出形状或者在成人所画图案内喷水。

57. 插洞洞（手眼协调）

我们为什么这样做？

锻炼精细动作、手眼协调、注意力。

儿童需要准备的

可指捏火柴棒。

成人需要准备的

火柴棒若干、颜料、硬纸板。

开始玩吧！

- 成人用颜料将火柴头染成不同的颜色（也可让儿童参与染色）；在硬纸板上画出儿童喜爱的图案后用针沿着图案的轮廓戳出大小可插入火柴棒的洞洞。
- 儿童抓握火柴棒按照自己喜好的颜色排列插入洞洞板。

我们还可以这样玩！

- 多童比赛。
- 多童合作。
- 成人将火柴棒按照一定的颜色或者图形的规律排列，儿童模仿成人所列插洞洞板。

- 儿童按照自己的喜好用火柴棒在洞洞板上排列。

🔔 特别要注意的事情

- 硬纸板上洞洞的大小为火柴棒的粗细,将火柴头卡到洞洞上为宜。
- 活动前,成人提醒儿童注意安全,防止摔倒后戳伤。
- 活动中,成人应留意防止儿童吞食火柴头。
- 活动结束后,成人检查儿童防止其将火柴棒装到身上发生危险。

掌握了吗?

- 儿童可抓握火柴棒,将其插到洞洞中。

58. 戳泡泡(手眼协调)

我们为什么这样做?

锻炼手眼协调能力、注意力。

儿童需要准备的

一定的注意力、手眼协调能力。

成人需要准备的

吹泡泡工具。

如何 发展自闭谱系障碍儿童的感知和运动能力

开始玩吧！

- 成人用吹泡泡工具慢慢吹出泡泡。
- 儿童伸出手指将泡泡戳破。

我们还可以这样玩！

- 多童比赛、合作。
- 按照成人要求戳指定的泡泡，如最大的一个、离你最近的一个等。
- 双手同时戳泡泡。
- 如果儿童手部精细动作水平无法完成戳泡泡，可以用手去拍或者抓。
- 听到指定的音乐节奏或者看到指定的图片后开始戳泡泡。

🔔 **特别要注意的事情**

- 活动场地周围应无尖锐或其他可能对儿童造成伤害的物品，如钥匙、剪刀等。
- 未做过该活动的儿童，可在活动开始前练习数次。
- 成人吹泡泡时速度要慢，切不可一口气吹出很多，分散儿童注意力，降低活动强度。
- 提醒并注意儿童不去用嘴触碰泡泡。
- 活动结束后，务必洗干净手。

掌握了吗？

- 儿童可以戳破指定泡泡。

59. 撕出来的"画"（手眼协调）

我们为什么这样做？

锻炼手部精细动作、手眼协调、注意力。

儿童需要准备的

会撕纸。

成人需要准备的

笔、纸、缝衣针。

开始玩吧！

- 成人在纸上画出各种形状。
- 用缝衣针沿着所画形状的轮廓戳好小洞。
- 儿童通过手撕的方式将成人所画形状撕出来。

我们还可以这样玩！

- 多童比赛。
- 两童合作，一童画形状，一童撕纸。
- 儿童可使用工具，如尺子等，撕纸。

🔔 **特别要注意的事情**

成人沿轮廓戳出小洞，目的是降低难度，提高撕纸的准确性。

小洞间的距离根据儿童能力调整。若儿童精细动作能力高,可不戳小洞,儿童尝试沿着形状轮廓直接撕。

成人应选择韧性适中、易于撕开的纸。

掌握了吗?

- 儿童沿轮廓撕纸。

60. 小脚拍小脚(脚眼协调)

我们为什么这样做?

锻炼单脚跳、眼脚协调。

儿童需要准备的

会单脚跳。

成人需要准备的

废旧报纸等。

开始玩吧!

- 成人观察儿童单脚跳的优势脚是哪只,用废旧报纸剪成该侧脚的脚掌形状。
- 脚掌前后距离有所变化地粘在地板上,或粘成不同形状,如"——"、"S"、"Z"、"U"形。

- 儿童单脚踩起点处脚掌出发,沿着路线前进,到达终点。
- 待儿童熟悉该活动后,将脚掌换成劣势脚脚掌形状,活动规则同上。

我们还可以这样玩!

- 多童比赛、合作。
- 儿童根据指令、音乐节奏单脚跳。
- 闭眼单脚跳。
- 将脚掌换成套圈,儿童跃过或是跳入套圈。

🔔 特别要注意的事情

- 活动场地周围应无尖锐或其他可能对儿童造成伤害的物品,如钥匙、剪刀等。
- 剪脚掌形状的目的是对儿童进行动作提示,若儿童单脚跳能力较好,可以撤掉该提示。

掌握了吗?

- 单脚跳动作稳定,未摔倒或跳跳停停。
- 可以跳到脚掌上或者脚掌周围。

61. 打电话 (脚眼协调)

我们为什么这样做?

锻炼单脚跳、双脚跳、注意力、听觉记忆力、眼脚协调、社交语言沟通。

如何 发展自闭谱系障碍儿童的感知和运动能力

儿童需要准备的

会单脚跳、双脚跳。

成人需要准备的

在A4纸上分别写上0—9的数字和 * 、# 符号。

开始玩吧!

- 成人将10个数字和符号按电话机上的顺序用胶带贴在地板上。

- 告知儿童规则,即成人报电话号码,要求儿童双脚或者单脚跳到相应的数字上组成成人所报的电话号码,然后跳到拨号键完成呼叫并完成通话。

- 儿童站于电话机旁开始按照成人所报电话号码拨叫,进行通话。

- 如果儿童跳错了数字,则电话无法打通,要求儿童重新拨叫。如果儿童多次无法完成,则成人降低难度一个一个报出号码,儿童一个一个跳,或者成人缩短号码长度。

我们还可以这样玩!

- 多童比赛、合作。
- 成人向儿童出示写有电话号码的纸片,儿童边看边跳。
- 成人设置故事情境,如遇到火灾、坏人等,需要拨119、110等特定号码。

- 成人发出指令,如先拨 3 再拨 5 或者连续按两个 3 等,儿童按照指令拨号。
- 成人将号码和符号翻过来或者变动原来的分布,儿童记好号码和符号的分布后再完成该活动。

🔔 特别要注意的事情

- 活动场地周围应无尖锐或其他可能对儿童造成伤害的物品,如钥匙、剪刀等。
- 成人根据儿童能力随时调整活动难度。

掌握了吗？

- 动作协调,无跳跳停停或者摔倒。
- 正确拨号。

62. 躲避袭击（双脚跳、手脚协调）

我们为什么这样做？

锻炼双脚跳、注意力、手脚协调。

儿童需要准备的

会双脚跳。

成人需要准备的

跳绳或者塑料棒。

如何发展自闭谱系障碍儿童的感知和运动能力

开始玩吧！

- 成人蹲或坐于地面，手持跳绳或塑料棒贴着地面左右甩动。
- 儿童站于以跳绳或者塑料棒长度为半径的圆内。
- 成人甩动跳绳和塑料棒，在碰到儿童腿之前，儿童立即跳起躲避"袭击"。

我们还可以这样玩！

- 多童比赛、合作。
- 儿童闭眼，听到"跳"的指令后迅速跳起躲开跳绳和塑料棒。
- 两个成人背靠背挥动跳绳和塑料棒，儿童需同时注意并躲开多个方向的"袭击"。

🔔 **特别要注意的事情**

- 活动场地周围应无尖锐或其他可能对儿童造成伤害的物品，如钥匙、剪刀等。
- 未做过该活动的儿童，可在活动开始前练习数次。
- 成人挥动跳绳和塑料棒时力度不可太大，以防儿童跳不过去后被打伤。
- 成人根据儿童完成情况随时调整难度。

掌握了吗？

- 动作协调，可躲过"袭击"。

63. 折纸（手眼协调）

我们为什么这样做？

提高儿童精细动作、手眼协调。

儿童需要准备的

无。

成人需要准备的

适宜折叠的纸、笔。

开始玩吧！

- 成人将纸裁成 A4 或者一半大小，成人和儿童各拿一张。成人在儿童的纸上用笔画出折叠线。
- 成人向儿童演示将纸对折叠好。
- 儿童按照所画折叠线模仿成人动作将纸对折。
- 若儿童无法完成，成人可将纸对折后在对折线上用力压，将纸再展开后儿童按照折痕将纸对折。

我们还可以这样玩！

- 多童合作。
- 成人先示范对折动作，再握着儿童的手完成对折。

- 儿童能力较强,成人可将儿童喜爱的卡通人物裁成对称形状,要求儿童对折。
- 多次对折,即一张 A4 纸不断对折。

特别要注意的事情

- 未做过该活动的儿童,可在活动开始前练习数次。
- 活动中,成人需注意防止儿童吞咽纸。

掌握了吗?

- 动作协调,可将纸对折。

64. 雪花飘飘(视动结合)

我们为什么这样做?

锻炼手眼协调能力。

儿童需要准备的

能抓住眼前物体。

成人需要准备的

把各种颜色的纸撕成小片。

开始玩吧!

- 告知儿童规则,即"抓住小纸片"。

- 成人从高处扔下一张小纸片，让儿童抓住飘动的纸片。
- 成人一次性扔出多张小纸片，让儿童在纸片落地前尽可能多地抓住。

我们还可以这样玩！

- 两名儿童比赛谁抓得多。
- 儿童听指令抓取特定颜色的纸片，如红色或红色和绿色。

🔔 特别要注意的事情

- 周围空旷且无尖锐物，以免儿童在跑动过程摔倒碰伤。

掌握了吗？

儿童迅速准确地抓握飘动的纸片。

65. 听快慢指令敲鼓（听知觉）

我们为什么这样做？

锻炼儿童感知动作轻重、快慢和音量的大小和节奏快慢。

儿童需要准备的

能独立敲鼓。

成人需要准备的

两面小鼓。

如何发展自闭谱系障碍儿童的感知和运动能力

开始玩吧!

- 成人与儿童各手持一个小鼓。

- 成人在儿童视野范围内,边快速连续敲鼓边快快地说:"快快地敲,快快地敲。"

- 儿童边模仿成人敲鼓边模仿说:"快快地敲,快快地敲。"如果儿童不能模仿,成人须握着儿童的手快快地敲数次,让儿童感知动作的快慢节奏。

- 成人在儿童视野范围内,边慢速连续敲鼓边慢慢地说:"慢—慢—地敲,慢—慢—地敲。"

- 儿童边模仿成人敲鼓边模仿说:"慢—慢—地敲,慢—慢—地敲。"如果儿童不能模仿,成人须握着儿童的手快快地敲数次,让儿童感知动作的快慢节奏。

- 儿童模仿正确后练习数次。

- 儿童听成人指令内容"快快地敲"或"慢—慢—地敲"(指令的内容和指令的节奏相对应)以相应速度敲鼓。

- 儿童依成人指令内容"快—快—地敲"或"慢慢地敲"(指令的内容和指令的节奏相反)以相应速度敲鼓。

我们还可以这样玩!

- 听快慢指令用木槌敲鼓。
- 听快慢指令拍手。
- 听轻重指令拍手或敲鼓。

🔔 **特别要注意的事情**

- 本活动旨在让儿童掌握快慢,需要依步骤循序渐进地多次练习,一般而言需要学习数次后方能完全掌握。
- 待儿童掌握听指令快慢敲鼓后,可拓展到拍手、跳跃、行走等各种活动,以帮助儿童迁移"快慢"概念,并将其运用于实际生活情境中。
- 可采用同样的步骤和方法教授儿童掌握"轻重"和声音大小等概念。

掌握了吗?

- 儿童依指令内容"快—快—地敲"或"慢慢地敲"以相应速度敲鼓。

66. 红灯停绿灯行(颜色知觉和规则意识)

我们为什么这样做?

锻炼儿童的视觉注意力,红色和绿色的感知及听从指令和遵守规则。

儿童需要准备的

能独立行走并能认识并区分红色和绿色。

成人需要准备的

红色和绿色的物品,如卡片、积木或雪花片。

发展自闭谱系障碍儿童的感知和运动能力

开始玩吧!

- 成人边示范动作边说"走"或"停",让儿童边走边模仿说,练习数次。

- 儿童听成人指令"走"或"停"完成相应动作,练习数次。

- 待儿童能完全依指令完成走或停时,成人出示红色和绿色的物品,判断儿童是否能准确区分红色和绿色。

- 成人告知儿童规则,即看到红色物体出现就停,看到绿色物体出现就走。

- 成人引导儿童看所出示的物体。当成人出示绿色物体的同时说"走",督促儿童走;当成人出示红色物体的同时说"停",督促儿童停止前行。

- 成人出示物体时不用语言提示,让儿童依出示的物体颜色走或停。

我们还可以这样玩!

- 活动过程中为加深儿童对规则的理解和记忆,可以边走边和儿童一起说"红灯停绿灯行",看到相应颜色的物体出示时先说"红灯停"或"绿灯行"再停或走。

- 两名儿童,一名儿童出示红色或绿色物体,另一名依出示的物体颜色走或停。

- 成人出示红色或绿色物体,多名儿童依出示的物体颜色走或停。

- 播放音乐或增加到目的地拿取相应的物品的情境,丰富训练的内容和形式,提高儿童参与的积极性。

🔔 特别要注意的事情

- 儿童难以完成该活动的原因可能有多种,需具体分析后做相应的调整,如"走"和"停"的概念掌握水平低;"红色"和"绿色"区分不准确;没有完全理解规则;注意力维持时间短而没有关注到成人出示物体的颜色;参与兴趣不浓,积极性下降而不愿意配合;等。

掌握了吗?

- 儿童看到绿色物体出现时即开始行走,看到红色物体出现时能立即停止。

67. 探囊取形状(触知觉)

我们为什么这样做?

锻炼触觉辨别物体形状能力。

儿童需要准备的

能通过视觉辨认形状。

成人需要准备的

儿童认识的各种平面和立体形状,如球、方体、锥体、圆形、正方形、长方形和梯形等。

如何 发展自闭谱系障碍儿童的感知和运动能力

开始玩吧！

- 成人依次出示形状，让儿童看并说出形状的名称，判断儿童是否认识。
- 儿童依成人指令，如"球"，从不透明的袋子中取出相应的形状。
- 儿童视觉屏蔽（闭眼、戴眼罩或用手遮挡视线）取出袋中物体的同时说出形状的名称。

我们还可以这样玩！

- 儿童视觉屏蔽说出手上摸的形状名称。
- 日常生活中有意识锻炼儿童通过触摸猜物品的形状，如收到的礼物或喜欢的玩具。

🔔 **特别要注意的事情**

- 视觉屏蔽触摸前先让儿童看看并摸摸所有要触摸的物品，使儿童心理有所准备，并提前拿走儿童不愿意触摸的物品。
- 平面图形应用硬纸片或其他不易折损的材料做成，方便儿童触摸。

掌握了吗？

- 儿童触摸形状后能及时准确地说出形状名称。

68. 转椅旋转（前庭觉）

我们为什么这样做？

锻炼前庭觉，促进脑发育。

儿童需要准备的

无。

成人需要准备的

1把转椅，1～2根弹性绑带。

开始玩吧！

- 儿童坐于转椅上。
- 成人用绑带把儿童绑在椅背上，防止儿童掉落。
- 成人手扶椅背转动椅子，数圈后，换一个方向转。

我们还可以这样玩！

- 成人可调节转动速度，并相应地说"快快转"或"慢慢转"，让儿童感知速度快慢。
- 转动过程中，另一名成人出示认知材料，如数字或汉字等。

特别要注意的事情

- 地面无杂物。

- 绑带捆绑松紧合适。
- 转动过程中,成人手始终扶持于椅背,且尽量力度均匀,以免椅子受力不均而倾倒,使儿童摔伤。
- 转动时,成人始终关注儿童面部,及时了解儿童是否有眩晕感。
- 单次旋转持续时间长短因儿童个体前庭敏感性而定,前庭敏感者可能转几圈就有眩晕感,前庭不敏感者可能转几分钟都没有眩晕感。
- 转动停止时,儿童眼球快速震颤则视为达到已有眩晕感,强度较佳。
- 儿童从椅子下地时,成人需伸出双手近身保护,以免儿童因眩晕脚步不稳而摔倒。

掌握了吗?

- 此活动能促进儿童脑发育可长期开展,没有通过的统一标准。

69. 手推车(上肢力量)

我们为什么这样做?

锻炼上肢力量,促进脑发育。

> **儿童需要准备的**
>
> 倒立可上肢撑地。
>
> **成人需要准备的**
>
> 小球、小毛绒玩具等,小盆。

开始玩吧!

- 成人将小球、毛绒玩具等洒落于地板上。
- 告知儿童规则,要求其将小球等物品捡起来放回小盆中。
- 儿童采用四点爬行姿势,一成人抬起儿童双脚。
- 起步后,儿童逐个捡起地上散落的物品,并将其放入另一成人手中的小盆中,直到将全部物品捡起。

我们还可以这样玩!

- 多童比赛、合作。
- 成人不放物品,要求儿童追赶并抓住滚动的小球、小车等。
- 成人通过调整扶持儿童双腿时用力的大小和方向,改变"小车"前进的节奏和方向。
- 闭眼听指令前进。

🔔 **特别要注意的事情**

- 开始时物品数量不宜过多,待儿童适应此活动后可逐渐增加,以免儿童丧失信心和兴趣。

- 成人可依儿童能力和家中面积增减物品的数量。
- 成人需随时观察儿童脸色和反应。
- 活动中,成人还可根据儿童上肢力量和耐力情况,通过手抓儿童下肢不同部位来调整支持力度。手抓部位越在远端,则支持力度越小。

掌握了吗?

- 爬行动作流畅,无走走停停或趴倒地下。
- 将物品全部捡入小盆中。

70. 摸着石头过河(手脚协调)

我们为什么这样做?

提高手脚协调能力。

儿童需要准备的

无。

成人需要准备的

7~8张矮的方形凳子。

开始玩吧!

- 成人将凳子间隔摆开,作为儿童过河的石头。

- 告知儿童规则，即从起点凳子出发手脚并用爬到第二个凳子上，以此类推，到达终点。如掉下凳子，则需重新回到起点。
- 儿童蹲或站于起点凳子上，根据规则手脚并用爬行到达终点。

我们还可以这样玩！

- 多童比赛、合作、接力。
- 只给儿童两个凳子。通过轮换，即踩在一个凳子上，将另一个凳子放到前面，再踩到前面的凳子上，重复之前的动作，到达终点。
- 儿童闭眼，完全靠本体感觉去找凳子，爬到凳子上，到达终点。

🔔 **特别要注意的事情**

- 活动场地周围应无尖锐或其他可能对儿童造成伤害的物品，如钥匙、剪刀等。
- 未做过该活动的儿童，可在活动开始前练习数次。
- 选择高度高于儿童脚踝、低于其膝盖的凳子；凳子间的摆放距离要略大于儿童腿长。
- 凳子的材质最好是软质的或者塑料材质的，否则儿童摔倒容易碰伤。
- 活动前，成人需检查凳子上无钉子等可能会划伤或者戳伤儿童的突起。
- 活动中,成人需近身保护。

掌握了吗?
- 动作协调,从一个凳子可爬到另一个凳子上,未走走停停。
- 未掉下凳子。

71. 拧瓶盖(手部精细动作、手眼协调)

我们为什么这样做?

锻炼精细动作、手眼协调、上肢力量。

儿童需要准备的

会拧瓶盖。

成人需要准备的

各种大小、形状、材质的带有瓶盖的瓶子。

开始玩吧!
- 成人给儿童一个瓶子,让儿童试着拧开,成人了解儿童可开瓶盖的程度。
- 成人将瓶子一字排开,将瓶盖调整到松紧适当的程度。
- 儿童自己选择顺序,将瓶盖依次拧开。

我们还可以这样玩！

- 多童比赛、合作。
- 儿童闭眼，用手摸到瓶子后将瓶盖拧开。
- 左右手轮流拧瓶盖。
- 成人选择几个瓶盖，里面写上"奖励"，提高儿童的积极性。

🔔 特别要注意的事情

- 成人根据儿童能力随时调整瓶盖的松紧度。
- 活动前，成人需检查并确认瓶子和瓶盖无破裂和突起，防止将儿童手划伤。
- 拧瓶盖动作较难，成人需先示范正确动作，待儿童掌握后再开展此活动。

掌握了吗？

- 动作协调，将瓶盖全部拧开。

72. 拔萝卜（协调性和力量）

我们为什么这样做？

提高儿童协调性和力量。

如何 发展自闭谱系障碍儿童的感知和运动能力

儿童需要准备的

无。

成人需要准备的

一条绳子或者毛巾。

开始玩吧!

- 两童相向,一童仰卧,一童站立或蹲。
- 将绳子两头系成环,两童各执绳子一头。站立的儿童需在规定的时间内将仰卧的儿童拉起,而仰卧的儿童同时用力将站立的儿童拉倒。

我们还可以这样玩!

- 两童各自站于画好的两个圆中,各执绳子的两头。比赛开始后,两童同时向自己的方向用力拉,将对方拉出圆者为胜。
- 两童腿微屈相向而坐,一童将两腿放于另一儿童两腿之间。两童拉手,一童慢慢躺下,另一童再将其拉起,之后互换。

🔔 特别要注意的事情

- 活动场地内应无尖锐或其他可能对儿童造成伤害的物品,如钥匙、剪刀等。
- 活动开始前,成人检查并去除儿童身上的尖锐物品,如钥匙、笔等。

- 成人将绳子的两头用布包好,防止儿童拉伤手。
- 活动中,成人提醒儿童不可突然放手或者放手时示意成人,防止另一童摔伤。
- 仰卧的儿童也不可用力过猛,防止儿童突然摔倒后压到身上。

掌握了吗?

- 可完成用力向自己的方向拉的动作。

73. 跳大绳(双脚跳、眼脚协调)

我们为什么这样做?

练习双脚跳、眼脚协调。

儿童需要准备的

会双脚跳。

成人需要准备的

长绳。

开始玩吧!

- 选择家中、小区、公园或者操场上的开阔地。
- 两成人各执长绳的两头,儿童站于绳子中间位置。

- 成人将绳子甩起来,儿童随着成人节奏跳过绳子,即原地跳大绳。
- 若儿童能力较强,可让儿童练习从两侧进入跳跃区域后再随着节奏跳。

我们还可以这样玩!

- 多童比赛。
- 多童合作。
- 随节奏跳绳。成人不断变换甩绳子的节奏,儿童根据节奏跳跃。
- 儿童边跳边按照成人的提示转方向、前进或后退。

🔔 **特别要注意的事情**

- 活动场地周围应无尖锐或其他可能对儿童造成伤害的物品,如钥匙、剪刀等。
- 活动前,检查儿童身上有无尖锐物品,如别针、钥匙等,需及时清理,防止儿童摔倒后受伤。
- 未做过该活动的儿童,可在活动开始前练习数次。

掌握了吗?

- 儿童能够连续跳跃。

74. 花样跑（跑）

我们为什么这样做？

提高儿童跑的能力、协调性。

儿童需要准备的

会跑。

成人需要准备的

小球或其他物体等作为障碍。

开始玩吧！

- 成人将儿童带到小区、公园的宽阔地带或者学校操场。
- 成人边演示原地跑、前跑、倒着跑、侧跑、跨步跑、过障碍跑、快跑急停、节律跑等，边告知儿童动作名称，待练习数次后让其模仿。
- 儿童按照成人指令完成相应的花样跑动作。

我们还可以这样玩！

- 多童比赛。
- 轮流完成。多童各选择一个动作类型，前一个儿童跑完即是下一个儿童开始跑的指令，如此儿童依次完成自己所选的跑的类型。

如何 发展自闭谱系障碍儿童的感知和运动能力

- 同时做。若儿童无法完成,一成人演示完整动作,另一成人分解动作告知儿童要领并在儿童完成时纠正动作。
- 花样跑运送小球。成人定好起点和终点,成人和儿童手中拿好小球一前一后从起点出发。成人花样跑,儿童模仿,将小球运达终点。

🔔 特别要注意的事情

- 成人随时注意活动区域周围安全,尤其是小区出入行人和车辆较多,应防止儿童跑时发生危险。
- 活动前,检查儿童身上有无尖锐物品,如别针、钥匙等,需及时清理,防止儿童摔倒后受伤。
- 儿童跑时,成人随时注意儿童有无异常姿势,如踮脚、手臂摆动异常等出现,需及时告知并纠正。
- 活动时间不宜在儿童睡醒后、吃饭后半小时内;活动持续时间、强度应根据儿童身体状况、耐力调整。

掌握了吗?

- 儿童会花样跑。
- 无异常姿势。

75. 解结（手部精细动作）

我们为什么这样做?

锻炼精细动作、手眼协调、注意力、问题解决能力。

儿童需要准备的

无。

成人需要准备的

粗细、材质不同的绳子若干条。

开始玩吧！

- 成人在每条绳子上打4~5个结。
- 儿童将绳子上的每个结打开。

我们还可以这样玩！

- 多童比赛，先将结全部解完者为胜。
- 一童打结，一童解结。
- 成人在几个结中包上对儿童的奖励，儿童将结打开即可获得奖励。
- 儿童闭眼将结解开。

特别要注意的事情

- 未做过该活动的儿童，可在活动开始前练习数次。
- 未学会解结的儿童，成人先将结打松打大，儿童学会解的动作和规律后再开始此活动。

- 成人根据儿童能力调整所打的结的难度、数量、松紧度和绳子的粗细、材质。
- 活动中,若儿童因无法解开结而失去耐心和兴趣时,成人需及时提醒并适度帮助儿童,但不可完全代劳。

掌握了吗?

- 动作协调,可打开结。

76. 剪直线(手部精细动作、使用剪刀)

我们为什么这样做?

锻炼精细动作、手眼协调。

儿童需要准备的

会使用剪刀。

成人需要准备的

1把儿童安全剪刀、纸若干。

开始玩吧!

- 成人在纸上画出若干条直线,将直线的一头剪开1厘米左右的小口。
- 儿童一手拿纸,一手拿剪刀,沿着小口和直线将纸裁开。

- 成人在纸上画出房屋、正方形、三角形等直线组成的图形,要求儿童剪下。

我们还可以这样玩!

- 多童比赛、合作。
- 成人准备多种刀刃的剪刀,如花边剪刀,增加裁剪的乐趣。

🔔 特别要注意的事情

- 未做过该活动的儿童,可在活动开始前练习数次。若儿童确实无法单手使用剪刀,可让儿童先练习双手剪。
- 活动中,成人需时刻关注儿童安全,防止儿童被割伤或者戳伤。

掌握了吗?

- 动作协调,未出现剪剪停停。
- 可沿直线剪。

77. 粉刷匠(精细动作)

我们为什么这样做?

提高儿童精细动作、抓握物体、手眼协调、注意力。

如何 发展自闭谱系障碍儿童的感知和运动能力

儿童需要准备的

无。

成人需要准备的

刷子、彩色颜料、废弃报纸、胶带。

开始玩吧!

- 成人将废弃报纸用胶带粘贴到墙上或者地上。
- 成人在废弃报纸上用粗记号笔画出人物、动物、物品等的轮廓。
- 儿童手握刷子蘸上彩色颜料,在成人画出的轮廓中涂上自己喜欢的颜色。
- 儿童完成作品后,将废弃报纸揭起后换另一张报纸,再次涂色。

我们还可以这样玩!

- 多童合作,共同完成涂色。
- 多童比赛,先涂完者或涂得整齐、漂亮的为胜。
- 成人不画出轮廓,儿童自己用刷子画出其喜欢的图案后将其涂色或者由另一儿童涂色。
- 成人将报纸裁成长条、正方形、圆形等几何形状,儿童在整块裁好的报纸上涂色。涂好后,成人将儿童的作品粘贴在墙上,作为装饰。

🔔 特别要注意的事情

- 未做过该活动的儿童,可在活动开始前练习数次。
- 成人选择安全性高、质量好的颜料。
- 成人时刻关注儿童,防止儿童吞食颜料。

掌握了吗?

- 抓握刷子,可涂色。
- 精细程度高,未涂出轮廓之外。

78. 蹦跳的小球(手眼协调)

我们为什么这样做?

锻炼手眼协调、注意力。

儿童需要准备的

无。

成人需要准备的

乒乓球拍、羽毛球拍或厚薄适中的杂志。

开始玩吧!

- 儿童一手握乒乓球拍,一手将乒乓球放在球拍中心。

- 儿童持握球拍颠球,球不掉落。

我们还可以这样玩!

- 多童比赛,颠球数量多且坚持时间长者为胜。

- 颠球行走。儿童边颠球边向前走、向后退、上下坡等。

- 颠球过障碍。儿童边颠球,边绕过成人所设障碍。

- 多童接力。一童颠球,到达终点后将球颠到另一个儿童的球拍上或者将球颠到指定的盒子、筐中。

- 按数颠球。成人规定儿童颠一定数量的球,儿童边颠球边数。

🔔 **特别要注意的事情**

- 活动场地周围应无尖锐或其他可能对儿童造成伤害的物品,如钥匙、剪刀等。

- 未做过该活动的儿童,可在活动开始前练习数次。

- 若儿童不会颠球,可先让儿童练习颠瓶盖、纸团、积木等无弹性或弹性很小的物体。

- 活动中,成人需随时提醒儿童注意脚下安全。

掌握了吗?

- 动作协调,可连续颠球超过3个。

79. 灵巧的双脚（脚眼协调）

我们为什么这样做？

锻炼脚部精细动作、眼脚协调、脚部触觉。

儿童需要准备的

踝关节可活动。

成人需要准备的

高凳子、厚度约为1~2厘米的沙子。

开始玩吧！

- 儿童脱掉鞋后光脚坐到凳子上。
- 儿童用脚在沙子上用脚画出各种图案、文字。

我们还可以这样玩！

- 多童比赛、合作。
- 成人在沙上摆放一人形玩具，在另一处画出房子，并在沙子上画出一条回家路线。要求儿童用脚推着人形玩具从起点开始遵循回家路线到家。

特别要注意的事情

- 沙子可铺在大盆（如废弃澡盆、浴缸）底部，也可铺在塑料布上。

- 活动场地内应无尖锐或其他可能对儿童造成伤害的物品,如钥匙、剪刀等。
- 未做过该活动的儿童,可在活动开始前练习数次。
- 如果儿童脚部很敏感,开始时可先让儿童穿袜子或者鞋子,后期可光脚。
- 凳子的高度应以儿童能够全脚掌放到沙子上为宜。
- 活动中,成人注意保护儿童、防止其从凳子上跌落。

掌握了吗?

- 儿童可以用脚画出指定的图形、文字。

80. 套圈 (手眼协调)

我们为什么这样做?

锻炼精细动作、手眼协调、注意力。

> **儿童需要准备的**
>
> 会抛圈。
>
> **成人需要准备的**
>
> 套圈、饮料瓶等物品。

开始玩吧!

- 成人在家中选择较开阔地,用胶带定好儿童站立点。
- 成人将饮料瓶、毛绒玩具等摆放在与站立点距离适当的位置。
- 儿童于站立点手中拿一个套圈,抛扔套圈套物品。
- 成人将儿童套中的物品拿走,儿童继续抛扔套圈去套剩下的物品。

我们还可以这样玩!

- 多童比赛,套中物品较多者为胜。
- 套指定物品。成人语言描述指定物品的特征或位置,要求儿童根据描述确定目标物品后将其套中。
- 抛扔到指定位置。成人蹲或者仰卧于与站立点距离适当的位置,儿童抛扔套圈到成人头部、手上、脚上等位置。

🔔 特别要注意的事情

- 未做过该活动的儿童,可在活动开始前练习数次。
- 若儿童无法套中物品,可先让儿童向指定区域内(如纸盒、床上)抛扔套圈。
- 根据儿童能力、完成情况随时调整物品的大小、与站立点的距离。
- 可适当将儿童套中的物品作为奖励。

掌握了吗?

- 动作协调,可套中物品。

发展自闭谱系障碍儿童的感知和运动能力

81. 我帮爸爸换笔芯（手眼协调）

我们为什么这样做？

锻炼精细动作、手眼协调、注意力。

儿童需要准备的

会抓握、指捏物体。

成人需要准备的

笔、笔芯。

开始玩吧！

- 成人准备好几支中性笔，有的笔芯用完，有的没有笔芯。
- 儿童坐好后，成人将可用的笔芯放于桌上。
- 成人演示换笔芯的动作，即先将笔帽拧开，将笔芯取出换好新的笔芯后，将笔帽拧好。
- 儿童模仿成人的动作，将笔芯换好。

我们还可以这样玩！

- 多童比赛，先完成者为胜。
- 多童合作。
- 成人准备粗细、长短不同的笔芯，要求儿童根据笔的粗细和长短自行选择合适的笔芯并将其换好。

- 若儿童无法自行完成,成人可示范一个环节后儿童立即模仿,如拧笔帽。若仍无法完成,成人需适当协助,待儿童掌握后自主完成。

🔔 特别要注意的事情

- 活动中,成人需注意防止儿童吞噬小部件或者用笔芯戳伤自己。
- 未做过该活动的儿童,可在活动开始前练习数次。

掌握了吗?

- 动作流畅,笔芯未频繁掉落。
- 可自主换掉笔芯。

82. 过独木桥(视动结合)

我们为什么这样做?

锻炼前庭觉、注意力。

儿童需要准备的

会脚跟抵脚尖走直线,较好的平衡能力。

成人需要准备的

废旧报纸、胶带或者是几根跳绳。

发展自闭谱系障碍儿童的感知和运动能力

开始玩吧！

- 成人将废旧报纸裁成可以容纳儿童一只脚宽度的纸条，也可用跳绳相连组成独木桥。
- 用胶带将纸条粘到地上，独木桥呈直线形。
- 儿童从桥的起点出发，脚跟抵着脚尖慢慢通过独木桥，到达终点。

我们还可以这样玩！

- 多童比赛。
- 儿童变换行走方式，如双脚交替走、双脚交叉跨越走等。
- 儿童负重或者手端一杯水走过独木桥。
- 成人和儿童分别从独木桥的两头出发，相向而行。相遇时，成人向前，儿童后退，共同达到终点。
- 独木桥上放置沙包等障碍物，要求儿童行进中跨越障碍。
- 成人在桥下出示图片或者文字，要求儿童边走边看或边走边听。

🔔 **特别要注意的事情**

- 尚未掌握脚跟抵脚尖走直线的儿童，可先练习，掌握动作后再开展此活动。
- 活动场地周围应无尖锐或其他可能对儿童造成伤害的物品，如钥匙、剪刀等。

- 活动中,成人可近身保护给予儿童心理支持。

掌握了吗?

- 动作协调,未走走停停。
- 未从桥上掉落。

83. 大吊车(视动结合)

我们为什么这样做?

锻炼手脚协调、触觉、关节活动。

儿童需要准备的

无。

成人需要准备的

毛绒玩具等物品。

开始玩吧!

- 成人示范动作,即仰卧将双腿同时慢慢抬起直到双膝靠近头部,即双腿画出180°的角。
- 儿童双腿伸直坐,成人在儿童脚边放置毛绒玩具,让儿童看清玩具的位置。
- 儿童仰卧,将脚边的毛绒玩具用双脚夹着模仿成人的动作放到头部。

我们还可以这样玩!

- 一条龙接力。多名儿童头脚相连,处于最尾位置的儿童双脚夹着毛绒玩具将其传递给下一个儿童,依次将玩具向前传递,直到传递给最头位置的儿童,完成玩具的运送接力。
- 多童比赛。
- 风火轮。儿童将玩具夹放到头部后,再将头部其他玩具夹放到脚部。

🔔 **特别要注意的事情**

- 活动场地周围应无尖锐或其他可能对儿童造成伤害的物品,如钥匙、剪刀等。
- 活动开始前,成人带领儿童做好准备活动。
- 未做过该活动的儿童,可在活动开始前练习数次。
- 儿童无法完成180°的转动,则可让儿童转动到其能力可及的角度,完成夹玩具放玩具的活动。
- 无法转动的儿童,成人可一手托着儿童腰部,另一手扶着儿童膝盖,帮助儿童慢慢转动。
- 若儿童无法用脚找到毛绒玩具,成人可帮助儿童将玩具放到其双脚之间,让儿童夹好。

掌握了吗?

- 独立完成180°的转动,转动中未出现长时间停顿。

- 双脚可自主找到脚边的毛绒玩具,并将玩具夹起。

84. 陆地行船（视动结合）

我们为什么这样做?

锻炼上肢力量和身体协调性。

儿童需要准备的

无。

成人需要准备的

滑板、两根光滑木棍、沙包等障碍物。

开始玩吧!

- 儿童双腿盘起坐于或者双腿屈起俯卧于滑板上。
- 成人告知儿童规则,即双手握木棍,用木棍滑动推着滑板前进或者转弯。
- 儿童从起点出发,按照指定路线滑动滑板到达终点。

我们还可以这样玩!

- 若儿童不会使用木棍,可用双手拨地板前进。
- 多童比赛、接力。
- 两童合作。一童用木棍滑动,另一童在后面助推,两童合作到达终点。

- 成人在路途中放置沙包等障碍物,要求儿童绕过障碍物。
- 成人给儿童一份路线图,儿童自己看路线图到达终点。
- 儿童按照成人指令,如转弯、快速前进等滑动滑板。

🔔 特别要注意的事情

- 活动场地周围应无尖锐或其他可能对儿童造成伤害的物品,如钥匙、剪刀等。
- 未做过该活动的儿童,可在活动开始前练习数次。
- 成人在活动开始前提醒儿童注意保护头部不被家具或其他物品撞到,尤其是在俯卧位时。

掌握了吗?

- 滑动滑板前进,未出现走走停停或者翻到。
- 按照指定路线行进。

85. 拍球前进(视动结合)

我们为什么这样做?

练习拍球,提高手眼协调能力、注意力。

儿童需要准备的

会拍球。

成人需要准备的

大小不同、材质不同的球。

开始玩吧！

- 成人规定一个起点，要求儿童从起点出发边拍球边前进到达终点。
- 儿童从起点出发，拍球前进，到达终点。
- 成人要求儿童尝试拍不同大小和材质的球。

我们还可以这样玩！

- 成人设置障碍或者斜坡，要求儿童拍球绕过障碍或者上下斜坡。
- 多童比赛、接力。
- 儿童按照成人指令拍球，如拍3次球前进1步、拍球后退、原地拍球等。
- 儿童两手轮换拍球或者两手同时拍球。

🔔 特别要注意的事情

- 活动场地周围应无尖锐或其他可能对儿童造成伤害的物品，如钥匙、剪刀等。

- 未做过该活动的儿童,可在活动开始前练习数次。
- 拍球动作较难,成人需先示范正确动作,待儿童掌握后再开展此活动。

掌握了吗?

- 动作协调,无走走停停或者不断捡球现象。
- 拍球从起点到终点。

86. 连点成线(手眼协调)

我们为什么这样做?

锻炼精细动作、注意力。

儿童需要准备的

会握笔、精细动作。

成人需要准备的

纸、笔。

开始玩吧!

- 成人在纸上用一个个的点组成字母、数字、花朵、轮船、小狗等各种图案。
- 儿童用笔将点两两连接,组成相应的图案。

- 如果儿童会顺序数数,可以将字母换成数字,则从起始数字如"0"开始将数字按顺序连起来,形成相应的图案。

我们还可以这样玩!

- 多童合作。成人用点连成一个大的图案,如房屋,要求几名儿童各自完成一部分。
- 成人先画出成图,要求儿童模仿成图自行连接各点。
- 儿童根据成人指令,如连接中间的两个点、连接左上角的两个点、将红色的点连接起来等。

🔔 **特别要注意的事情**

- 未学会连线的儿童,可先学习两点连线。
- 成人根据儿童能力随时调整点的大小、距离以及图案的难度。

掌握了吗?

- 准确连接两点或几点。

87. 接弹力球(视动结合)

我们为什么这样做?

锻炼手眼协调能力和注意力。

如何 发展自闭谱系障碍儿童的感知和运动能力

> **儿童需要准备的**
>
> 能抓握活动中的球。
>
> **成人需要准备的**
>
> 各种颜色和大小的弹力球。

开始玩吧!

- 成人告知儿童规则并示范,即弹力球弹起后单手手心向上接住球。
- 成人向地面投掷弹力球,指导儿童依规则接住球,练习数次。
- 成人指导儿童投掷弹力球并单手接住。

我们还可以这样玩!

- 把接球方式改为手心向下抓握球。
- 弹力球弹到一定高度后才能去接。
- 弹力球弹到一定次数,如 2 次或 3 次,方能接住球。

特别要注意的事情

- 弹的面应强度较硬,利于弹力球的弹跳。
- 关闭门窗,以免弹力球弹到室外。
- 若儿童无法单手接球,可先让其用双手或者借助工具(如网兜、盒子)等接球。

掌握了吗?

- 儿童准确地按规则接住弹力球。

88. 踏石过河（视动结合）

我们为什么这样做?

锻炼脚眼协调。

儿童需要准备的

能独立行走。

成人需要准备的

鞋盒若干,报纸数张。

开始玩吧!

- 把鞋盒和报纸交替摆在地上,每个间距为儿童半步远。
- 告知儿童规则,即踩着鞋盒和报纸到终点,脚不能踩到外面。
- 指导儿童完成踩着"石头"到终点。

我们还可以这样玩!

- 踩踏的物品可以换成大积木、数字卡片或图形卡片等。
- 到达终点后取回一个物体,如指定颜色的积木/沙包或数字等。

🔔 特别要注意的事情

- 环境周围无尖锐物,以免儿童摔倒后碰伤。
- 应在旁边跟随儿童,以免儿童身体失衡摔倒。
- 提醒儿童关注脚下,不要踩到外面。

掌握了吗?

- 儿童迅速准确地达到终点,且没有踩到报纸外面。

第四部分

资源推荐

发展自闭谱系障碍儿童的感知和运动能力

一　推荐儿童书

1. 宝宝视觉激发：黑白卡1(适用于0—6个月宝宝)

2. 宝宝视觉激发：彩色卡1(适用于3个月—3岁宝宝)

3. 布尔早教闪示训练课程：布尔早教闪卡·基础卡(适用于0—12个月宝宝)

4. 幼儿学前专注力100图(套装共4册)

5. 宝宝视觉激发挂图

6. 宝宝快乐涂色

7. 启迪幼教：幼儿绘画小课堂

8. 魔法早教：贴纸吧(2—6岁宝宝游戏学习法)

9. 幼儿益智神奇贴纸：200动物全贴纸(2—5岁)

二 推荐家长书目

1. [美]天宝·格兰丁.我心看世界——天宝解析孤独症谱系障碍[M].北京:华夏出版社,2012.

2. [美]艾伦·诺波姆.孤独症孩子希望你知道的十件事[M].北京:中国妇女出版社,2012.

3. [美]安娜贝儿·斯帖理.雨中起舞——一个孤独症患儿母亲的经历[M].陈景亭,译.北京:北京出版社,1995.

4. [美]玛丽·林奇·巴伯拉,特蕾西·拉斯穆森.语言行为方法:如何教育孤独症和相关障碍儿童[M].美国展望教育中心,译.北京:华夏出版社,2013.

5. [日]明石洋子.与自闭症儿子同行1:原汁原味的育儿[M].洪波,译.北京:华夏出版社,2012.

6. [日]明石洋子.与自闭症儿子同行2:通往自立之路[M].洪波,译.北京:华夏出版社,2012.

7. [日]明石洋子.与自闭症儿子同行3:为了工作,加油![M].洪波,译.北京:华夏出版社,2013.

8. [日]柚木馥,白崎研司.发育障碍儿童诊断与训练指导[M].王宁,译.北京:华夏出版社,2008.

9. [美]格连·杜曼.如何帮助脑伤儿童成长[M].吴由美,译.新北:世茂出版社,2000.

10. 王和平.特殊儿童的感觉统合训练[M].北京:北京大学出版社,2012.

11. 董奇,陶沙.动作与心理发展[M].北京:北京师范大学出版社,2002.

12. 李俐,王唯.零点起步·2—3岁宝宝精细动作:游戏资源库[M].南京:南京师范大学出版社,2011.

13. 孙久荣.脑科学导论[M].北京:北京大学出版社,2001.

14. 唐孝威.脑科学导论[M].杭州:浙江大学出版社,2006.

15. [美]福利奥,菲威尔.Peabody运动发育量表(第2版)[M].李明,黄真,译.北京:北京大学医学出版社,2006.

16. [美]派珀,达拉.发育中婴儿的运动评估:Alberta婴儿运动量表[M].黄真,李明,译.北京:北京大学医学出版社,2009.

17. 天津师范大学语言研究所.学龄前儿童语言能力测试[M].天津:天津大学出版社,2013.

18. 药志胜.和宝宝一起做的游戏大全[M].北京:华夏出版社,2012.

19. [日]山本豪.提升宝宝运动能力的43种办法[M].何威,译.北京：光明日报出版社,2012.

20. ［美］菲里斯·卫卡特.动作教学：幼儿核心的动作经验[M].林翠湄,译.南京:南京师范大学出版社,2006.

21. 王萍,高宏伟.家庭中的感觉统合训练[M].北京:清华大学出版社,2011.

22. 张雁.蜗牛不放弃[M].北京：华夏出版社,2007.

发展自闭谱系障碍儿童的感知和运动能力

三 推荐网站

1. 中国残障信息资源中心

http://www.disabilitychina.org/

2. 儿童研究网

http://www.crn.net.cn/research/spchild/

3. 中国孤独症网

http://www.guduzheng.com.cn/

4. 幼儿园体育游戏

http://www.baby611.com/game/ty/index.html

5. 台湾大学特殊教育网站

http://web.spc.ntnu.edu.tw/main.php

6. 有爱无碍网站

http://www.dale.nhcue.edu.tw/

7. 协康会

http://www.heephong.org/webprod/cht

北京大学出版社
教育出版中心 精品图书

21世纪特殊教育创新教材·理论与基础系列
特殊教育的哲学基础　　　　方俊明 主编 36元
特殊教育的医学基础　　　　张　婷 主编 36元
特殊教育导论（第二版）　　雷江华 主编 45元
特殊教育学（第二版）　　　雷江华 方俊明 主编 43元
特殊儿童心理学（第二版）　方俊明 雷江华 主编 39元
特殊教育史　　　　　　　　朱宗顺 主编 39元
特殊教育研究方法（第二版）
　　　　　　　　杜晓新 宋永宁等 主编 39元
特殊教育发展模式　　　　　任颂羔 主编 33元
特殊儿童心理与教育（第二版）
　　　　　　　杨广学 张巧明 王　芳 主编 36元
教育康复学导论　　　　　　杜晓新 黄昭鸣 55元
特殊儿童病理学　　　　　　王和平 杨长江 48元

21世纪特殊教育创新教材·发展与教育系列
视觉障碍儿童的发展与教育　　邓　猛 编著 33元
听觉障碍儿童的发展与教育　　贺荟中 编著 38元
智力障碍儿童的发展与教育
　　　　　　　　　　　刘春玲 马红英 编著 32元
学习困难儿童的发展与教育　　赵　微 编著 39元
自闭症谱系障碍儿童的发展与教育
　　　　　　　　　　　　　　周念丽 编著 32元
情绪与行为障碍儿童的发展与教育
　　　　　　　　　　　　　　李闻戈 编著 36元
超常儿童的发展与教育（第二版）
　　　　　　　　　　　苏雪云 张　旭 编著 39元

21世纪特殊教育创新教材·康复与训练系列
特殊儿童应用行为分析　　李　芳 李　丹 著 36元
特殊儿童的游戏治疗　　　　周念丽 编著 30元
特殊儿童的美术治疗　　　　孙　霞 编著 38元
特殊儿童的音乐治疗　　　　胡世红 编著 32元
特殊儿童的心理治疗（第二版）杨广学 编著 45元
特殊教育的辅具与康复　　　蒋建荣 编著 29元
特殊儿童的感觉统合训练　　王和平 编著 45元
孤独症儿童课程与教学设计　王　梅 著 37元

自闭谱系障碍儿童早期干预丛书
如何发展自闭谱系障碍儿童的沟通能力
　　　　　　　　　　　　朱晓晨 苏雪云 29元
如何理解自闭谱系障碍和早期干预　苏雪云 32元
如何发展自闭谱系障碍儿童的社会交往能力
　　　　　　　　　　　　　吕　梦 杨广学 33元

如何发展自闭谱系障碍儿童的自我照料能力
　　　　　　　　　　　　　倪萍萍 周　波 32元
如何在游戏中干预自闭谱系障碍儿童
　　　　　　　　　　　　　朱　瑞 周念丽 32元
如何发展自闭谱系障碍儿童的感知和运动能力
　　　　　　　　　韩文娟，徐芳，王和平 32元
如何发展自闭谱系障碍儿童的认知能力
　　　　　　　　　　　　　潘前前 杨福义 39元
自闭症谱系障碍儿童的发展与教育　周念丽 32元
如何通过音乐干预自闭谱系障碍儿童 张正琴 36元
如何通过画画干预自闭谱系障碍儿童 张正琴 36元
如何运用ACC促进自闭谱系障碍儿童的发展
　　　　　　　　　　　　　　　　苏雪云 36元
孤独症儿童的关键性技能训练法　　李　丹 45元
自闭症儿童家长辅导手册　　　　　雷江华 35元
孤独症儿童课程与教学设计　　　　王　梅 37元
融合教育理论反思与本土化探索　　邓　猛 58元
自闭症谱系障碍儿童家庭支持系统　孙玉梅 36元

特殊学校教育·康复·职业训练丛书（黄建行 雷江华 主编）
信息技术在特殊教育中的应用　　　　　55元
智障学生职业教育模式　　　　　　　　36元
特殊教育学校学生康复与训练　　　　　59元
特殊教育学校校本课程开发　　　　　　45元
特殊教育学校特奥运动项目建设　　　　49元

21世纪学前教育规划教材
学前教育概论　　　　　　　李生兰 主编 49元
学前教育管理学　　　　　　　　王　雯 45元
幼儿园歌曲钢琴伴奏教程　　　　果旭伟 39元
幼儿园舞蹈教学活动设计与指导　董　丽 36元
实用乐理与视唱　　　　　　　　代　苗 40元
学前儿童美术教育　　　　　　　冯婉贞 45元
学前儿童科学教育　　　　　　　洪秀敏 39元
学前儿童游戏　　　　　　　　　范明丽 39元
学前教育研究方法　　　　　　　郑福明 39元
外国学前教育史　　　　　　　　郭法奇 39元
学前教育政策与法规　　　　　　魏　真 36元
学前心理学　　　　　　　涂艳国、蔡　艳 36元
学前教育理论与实践教程
　　　　　　　　王　维 王维娅 孙　岩 39元
学前儿童数学教育　　　　　　　赵振国 39元

大学之道丛书

市场化的底限	[美] 大卫·科伯 著 59元
大学的理念	[英] 亨利·纽曼 著 49元
哈佛：谁说了算	[美] 理查德·布瑞德利 著 48元
麻省理工学院如何追求卓越	[美] 查尔斯·维斯特 著 35元
大学与市场的悖论	[美] 罗杰·盖格 著 48元
高等教育公司：营利性大学的崛起	[美] 理查德·鲁克 著 38元
公司文化中的大学：大学如何应对市场化压力	[美] 埃里克·古尔德 著 40元
美国高等教育质量认证与评估	[美] 美国中部州高等教育委员会 编 36元
现代大学及其图新	[美] 谢尔顿·罗斯布莱特 著 60元
美国文理学院的兴衰——凯尼恩学院纪实	[美] P.F.克鲁格 著 42元
教育的终结：大学何以放弃了对人生意义的追求	[美] 安东尼·T.克龙曼 著 35元
大学的逻辑（第三版）	张维迎 著 38元
我的科大十年（续集）	孔宪铎 著 35元
高等教育理念	[英] 罗纳德·巴尼特 著 45元
美国现代大学的崛起	[美] 劳伦斯·维赛 著 66元
美国大学时代的学术自由	[美] 沃特·梅兹格 著 39元
美国高等教育通史	[美] 亚瑟·科恩 著 59元
美国高等教育史	[美] 约翰·塞林 著 69元
哈佛通识教育红皮书	哈佛委员会 撰 38元
高等教育何以为"高"——牛津导师制教学反思	[英] 大卫·帕尔菲曼 著 39元
印度理工学院的精英们	[印度] 桑迪潘·德布 著 39元
知识社会中的大学	[英] 杰勒德·德兰迪 著 32元
高等教育的未来：浮言、现实与市场风险	[美] 弗兰克·纽曼等 著 39元
后现代大学来临？	[英] 安东尼·史密斯等 主编 32元
美国大学之魂	[美] 乔治·M.马斯登 著 58元
大学理念重审：与纽曼对话	[美] 雅罗斯拉夫·帕利坎 著 40元
学术部落及其领地——当代学术界生态揭秘（第二版）	[英] 托尼·比彻 保罗·特罗勒尔 著 33元
德国古典大学观及其对中国大学的影响（第二版）	陈洪捷 著 42元
转变中的大学：传统、议题与前景	郭为藩 著 23元
学术资本主义：政治、政策和创业型大学	[美] 希拉·斯劳特 拉里·莱斯利 著 36元
21世纪的大学	[美] 詹姆斯·杜德斯达 著 38元
美国公立大学的未来	[美] 詹姆斯·杜德斯达 弗瑞斯·沃马克 著 30元
东西象牙塔	孔宪铎 著 32元
理性捍卫大学	眭依凡 著 49元

学术规范与研究方法系列

社会科学研究方法100问	[美] 萨子金德 著 38元
如何利用互联网做研究	[爱尔兰] 杜愉泰 著 38元
如何为学术刊物撰稿：写作技能与规范（英文影印版）	[英] 罗薇娜·莫 编著 26元
如何撰写和发表科技论文（英文影印版）	[美] 罗伯特·戴 等著 39元
如何撰写与发表社会科学论文：国际刊物指南	蔡今忠 著 35元
如何查找文献	[英] 萨莉拉·姆齐 著 35元
给研究生的学术建议	[英] 戈登·鲁格 等著 26元
科技论文写作快速入门	[瑞典] 比约·古斯塔维 著 19元
社会科学研究的基本规则（第四版）	[英] 朱迪斯·贝尔 著 32元
做好社会研究的10个关键	[英] 马丁·丹斯考姆 著 20元
如何写好科研项目申请书	[美] 安德鲁·弗里德兰德 等著 28元
教育研究方法（第六版）	[美] 乔伊斯·高尔 等著 88元
高等教育研究：进展与方法	[英] 马尔科姆·泰特 著 25元
如何成为学术论文写作高手	华莱士 著 49元
参加国际学术会议必须要做的那些事	华莱士 著 32元
如何成为优秀的研究生	布卢姆 著 38元

21世纪高校职业发展读本

如何成为卓越的大学教师	肯·贝恩 著 32元
给大学新教员的建议	罗伯特·博伊斯 著 35元
如何提高学生学习质量	[英] 迈克尔·普洛瑟 等著 35元
学术界的生存智慧	[美] 约翰·达利 等主编 35元
给研究生导师的建议（第2版）	[英] 萨拉·德拉蒙特 等著 30元

21世纪教师教育系列教材·物理教育系列

中学物理微格教学教程(第二版)
　　　　　　　　张军朋 詹伟琴 王 恬 编著 32元
中学物理科学探究学习评价与案例
　　　　　　　　张军朋 许桂清 编著 32元
物理教学论　　　　　邢红军 著 49元
中学物理教学评价与案例分析
　　　　　　　　王建中 孟红娟 著 38元

21世纪教育科学系列教材·学科学习心理学系列

数学学习心理学(第二版)
　　　　　　　　孔凡哲 曾 峥 编著 38元
语文学习心理学　　　董蓓菲 编著 39元

21世纪教师教育系列教材

教育学基础　　　　　庞守兴 主编 40元
教育学　　　　　余文森 王 晞 主编 26元
教育研究方法　　　　刘淑杰 主编 45元
教育心理学　　　　　王晓明 主编 55元
心理学导论　　　　　杨凤云 主编 46元
教育心理学概论　　连 榕 罗丽芳 主编 42元
课程与教学论　　　　李 允 主编 42元
教师专业发展导论　　于胜刚 主编 42元
学校教育概论　　　　李清雁 主编 42元
现代教育评价教程(第二版)　吴 钢 主编 45元
教师礼仪实务　　　　刘 霄 主编 36元
家庭教育新论　　闫旭蕾 杨 萍 主编 39元
中学班级管理　　　　张宝书 主编 39元
教育职业道德　　　　刘亭亭 39元
教师心理健康　　　　张怀春 39元
现代教育技术　　　　冯玲玉 39元
青少年发展与教育心理学　张 清 42元
课程与教学论　　　　李 允 42元
课堂教学艺术(第二版)　孙菊如 陈春荣 49元

21世纪教师教育系列教材·初等教育系列

小学教育学　　　　　田友谊 主编 39元
小学教育学基础　　张永明 曾 碧 主编 42元
小学班级管理　　张永明 宋彩琴 主编 39元
初等教育课程与教学论　罗祖兵 主编 45元
小学教育研究方法　　王红艳 主编 39元

教师资格认定及师范类毕业生上岗考试辅导教材

教育学　　　　　余文森 王 晞 主编 26元
教育心理学概论　　连 榕 罗丽芳 主编 42元

21世纪教师教育系列教材·学科教育心理学系列

语文教育心理学　　　董蓓菲 编著 39元
生物教育心理学　　　胡继飞 编著 45元

21世纪教师教育系列教材·学科教学论系列

新理念化学教学论(第二版)　王后雄 主编 45元
新理念科学教学论(第二版)
　　　　　　　　崔 鸿 张海珠 主编 36元
新理念生物教学论(第二版)
　　　　　　　　崔 鸿 郑晓慧 主编 45元
新理念地理教学论(第二版)　李家清 主编 45元
新理念历史教学论(第二版)　杜 芳 主编 33元
新理念思想政治(品德)教学论(第二版)
　　　　　　　　胡田庚 主编 36元
新理念信息技术教学论(第二版)
　　　　　　　　吴军其 主编 32元
新理念数学教学论　　冯 虹 主编 36元

21世纪教师教育系列教材·语文课程与教学论系列

语文文本解读实用教程　荣维东 主编 49元
语文课程教师专业技能训练
　　　　　　　　张学凯 刘丽丽 主编 45元
语文课程与教学发展简史
　　　　　　武玉鹏 王从华 黄修志 主编 38元
语文课程学与教的心理学基础　韩雪屏 王朝霞 主编
语文课程名师名课案例分析　武玉鹏 郭治锋 主编
语用性质的语文课程与教学论　王元华 著 42元

21世纪教师教育系列教材·学科教学技能训练系列

新理念生物教学技能训练(第二版)　崔 鸿 33元
新理念思想政治(品德)教学技能训练(第二版)
　　　　　　　　胡田庚 赵海山 29元
新理念地理教学技能训练　李家清 32元
新理念化学教学技能训练(第二版)　王后雄 36元
新理念数学教学技能训练　王光明 36元
新理念小学音乐教学法　吴跃跃 主编 38元

王后雄教师教育系列教材

教育考试的理论与方法　王后雄 主编 35元
化学教育测量与评价　　王后雄 主编 45元
中学化学实验教学研究　王后雄 主编 32元
新理念化学教学诊断学　王后雄 主编 48元

西方心理学名著译丛

荣格心理学七讲　　　[美]卡尔文·霍尔 45元

书名	作者	价格
拓扑心理学原理	[德]库尔德·勒温	32元
系统心理学：绪论	[美]爱德华·铁钦纳	30元
社会心理学导论	[美]威廉·麦独孤	36元
思维与语言	[俄]列夫·维果茨基	30元
人类的学习	[美]爱德华·桑代克	30元
基础与应用心理学	[德]雨果·闵斯特伯格	36元
记忆	[德]赫尔曼·艾宾浩斯 著	32元
儿童的人格形成及其培养	[奥地利]阿德勒 著	35元
幼儿的感觉与意志	[德]威廉·蒲莱尔 著	45元
实验心理学（上下册）	[美]伍德沃斯 施洛斯贝格著	150元
格式塔心理学原理	[美]库尔特·考夫卡	75元
动物和人的目的性行为	[美]爱德华·托尔曼	44元
西方心理学史大纲	唐钺	42元

心理学视野中的文学丛书

书名	作者	价格
围城内外——西方经典爱情小说的进化心理学透视	熊哲宏	32元
我爱故我在——西方文学大师的爱情与爱情心理学	熊哲宏	32元

21世纪教学活动设计案例精选丛书（禹明 主编）

书名	价格
初中语文教学活动设计案例精选	23元
初中数学教学活动设计案例精选	30元
初中科学教学活动设计案例精选	27元
初中历史与社会教学活动设计案例精选	30元
初中英语教学活动设计案例精选	26元
初中思想品德教学活动设计案例精选	20元
中小学音乐教学活动设计案例精选	27元
中小学体育（体育与健康）教学活动设计案例精选	25元
中小学美术教学活动设计案例精选	34元
中小学综合实践活动教学活动设计案例精选	27元
小学语文教学活动设计案例精选	29元
小学数学教学活动设计案例精选	33元
小学科学教学活动设计案例精选	32元
小学英语教学活动设计案例精选	25元
小学品德与生活（社会）教学活动设计案例精选	24元
幼儿教育教学活动设计案例精选	39元

全国高校网络与新媒体专业规划教材

书名	作者	价格
文化产业概论	尹章池	38元
网络文化教程	李文明	42元
网络与新媒体评论	杨娟	38元
新媒体概论	尹章池	39元
新媒体视听节目制作	周建青	45元
融合新闻学	石长顺	39元
新媒体网页设计与制作	惠悲荷	39元
网络新媒体实务	张合斌	39元
突发新闻教程	李军	45元
视听新媒体节目制作	周建青	45元
视听评论	何志武	32元
出镜记者案例分析	刘静 邓秀军	39元
视听新媒体导论	郭小平	39元
网络与新媒体广告	尚恒志 张合斌	49元
网络与新媒体文学	唐东堰 雷奕	49元

全国高校广播电视专业规划教材

书名	作者	价格
电视节目策划教程	项仲平 著	36元
电视导播教程	程晋 编著	39元
电视文艺创作教程	王建辉 编著	39元
广播剧创作教程	王国臣 编著	36元

21世纪教育技术学精品教材（张景中 主编）

书名	作者	价格
教育技术学导论（第二版）	李芒 金林 编著	38元
远程教育原理与技术	王继新 张屹 编著	41元
教学系统设计理论与实践	杨九民 梁林梅 编著	29元
信息技术教学论	雷体南 叶良明 主编	29元
网络教育资源设计与开发	刘清堂 主编	30元
学与教的理论与方式	刘雍潜	32元
信息技术与课程整合（第二版）	赵呈领 杨琳 刘清堂	39元
教育技术研究方法	张屹 黄磊	38元
教育技术项目实践	潘克明	32元

21世纪信息传播实验系列教材（徐福荫 黄慕雄 主编）

书名	价格
多媒体软件设计与开发	32元
电视照明·电视音乐音响	26元
播音与主持艺术（第二版）	38元
广告策划与创意	26元
摄影基础（第二版）	32元

21世纪教师教育系列教材·专业养成系列（赵国栋 主编）

书名	价格
微课与慕课设计初级教程	40元
微课与慕课设计高级教程	48元
微课、翻转课堂和慕课设计实操教程	188元
网络调查研究方法概论（第二版）	49元
PPT云课堂教学法	88元